历史人类学小丛书

Pocket Series of
Historical Anthropology

本书是程美宝主持的香港特别行政区研究资助局资助的研究计划"画出自然：18–19世纪中叶广州绘制的动植物画"(CityU 11672416) 的成果

遇见黄东

18—19 世纪珠江口的
小人物与大世界

程美宝　著

北京师范大学出版集团
BEIJING NORMAL UNIVERSITY PUBLISHING GROUP
北京师范大学出版社

程美宝

　　现任香港城市大学中文及历史学系教授，英国牛津大学博士，曾长期任教于中山大学历史学系，研究领域为中国社会文化史，近年致力于探究近代华南的地域文化如何在一个跨地域的情景中逐渐形成。主要著作有《地域文化与国家认同：晚清以来"广东文化"观的形成》《走出地方史：社会文化史研究的视野》《省港澳大众文化与都市变迁》（主编）《把世界带进中国：从澳门出发的中国近代史》（主编），发表中、英、日期刊论文数十篇。

彩图 1　黄东肖像，乔舒亚·雷诺兹爵士绘，现悬于英国肯特郡诺尔宫室

Huang Ya Dong, oil painting by Sir Joshua Reynolds PRA, now at Knole, Kent, UK © National Trust Image / Matthew Hollow

彩图 2 一名中国男子的肖像，据说是黄亚东；乔治·丹斯 (1741—1825)绘，大英博物馆藏

Portrait of a Chinese man, said to be Huang Ya Dong; Drawn by George Dance（1741-1825）, Museum number：1967, 1014. 67, British Museum Collection ⓒ Trustees of the British Museum

目 录

弁言：
在大英图书馆邂逅黄东

经过十多年断断续续的"相处"，我终于有信心称这本小书的主人翁为"黄东"——更准确来说是"黄遏东"——而不再是"Whang Tong"了。

我最早"遇见"黄东的地点，是在大英图书馆。2002年春，我荣获英国学术院王宽诚奖学金，到英国搜集资料数月。在大英图书馆翻阅"班克斯书信"（*Banks Correspondences*）时，我看到了两封中国人致皇家学会（The Royal Society）主席班克斯爵士的信。据相关目录，在数以万封致班克斯的信函中，只有两封是中国人署名的，俱发自广州。一封以"Puankhequa"的名义发出，另一封署名 Whang Tong。[①]"Puankhequa"好办，熟悉这段时期的广州历史的，都知道他就是"潘启官二世"，即著名的洋行商人潘有度（1755—1820），但 Whang Tong 是谁，则不太容易有头绪。根据该目录，我知道这位 Whang Tong 曾去过皇家学会，乃趁在英伦之便拜访皇家学会，翻查相关年份的访客名册，顺利地找到"Quang-e-tang"这个名字和一些边角材料。从此，"Whang Tong"这个名字就在我的脑海里挥之不去，但要找到更多资料，谈何容易。未几，我又发现他的身份总是与另一个名叫"Chitqua"（又作"Tanchequa""Tan Chet-qua"，参考陈国栋，译作"陈佶官"）的混淆。在英国逗留的最后一天，我赶在大英图书馆晚上 8 点关门之前，从 1771 年的《绅士杂志》(*Gentlemen's Magazine*)上找出了一份与 Chitqua 有关的材料，翌日搭乘飞机回国。我在飞机上好好地睡了一觉，为在最后一刻找到这份材料感到心满意足。

2003 年，我以富布莱特学者的身份在耶鲁大学访学，在耶鲁大学英国艺术中心（Yale Center for British Art)找到好些图册，终于得以一睹少年 Whang Tong 和

Tan Chitqua 的画像。我运用当年流行未久的互联网搜索功能，随便在某搜索引擎上敲入"Tan Chitqua"等字样，在国外的图书馆目录中找到收录了据称是 Tan Chitqua 发表的一部有关东方园林的宏论的出版资料，我请时在加拿大任教的宋怡明教授(Michael Szonyi)帮我复印。其后，据说 Tan Chitqua 的一件作品曾在皇家美术学院展览上展示过，我又去信该院查问究竟，在对方热心帮忙下，取得展览目录出现了 Tan Chitqua 名字和作品记录的那一页的复件（下详）。这样东拼西凑，我写成了《"Whang Tong"的故事：在域外捡拾普通人的历史》一文，2003 年在《史林》上发表。当年，陈国栋先生亦撰了一篇讲述 18 世纪访欧华人的文章，当中也提到了 Whang Tong。[②]

在拙文中，我根据零碎的资料，做出这样的判断：Whang Tong 是一个在广州商馆区为洋人打工的小厮，约在 1766—1773 年，被东印度公司的布莱克船长

（Captain John Bradby Blake，1745—1773）带到英国，在某公爵的宫室当过僮仆，1775年曾拜访英国皇家学会。我凭他1796年6月18日发给班克斯的信函，推断他至迟在1796年前返回广州。至于Chitqua，则是一个陶瓷工匠，约在1769年从广州登上东印度公司的商船抵达英国，逗留至1772年左右，其间也可谓碰上种种"奇遇"，最后带着些不太愉快的经历回国了。我那篇文章以叙述为主，没有打算要讲什么大道理，不过就是捡拾一些历史碎片，谈谈这类人物在当时华人足迹罕至的欧洲社会里，如何阴差阳错地扮演了沟通中西文化的中介角色。我还提到，由于中国历史叙述的选择性取向，这类人物的事迹往往在中国本土没有留下多少记录，从域外寻找他们的历史踪影，或许有助丰富我们对近代中西文化交流史的认识和理解。

当时互联网上的数据库和各种文献信息还十分有限，也没有多少人注意到Whang Tong和Chitqua。在茫茫史海中，要找出他们的真实姓名，无异于大海捞针，我也不想心存侥幸，老在一两个人身上做文章，因此就放下了这两位先生，没有再追踪下去。2011 年，香港大学艺术系教授祈大卫（David Clarke）出版了《中国艺术及其与世界之相遇》（*Chinese Art and Its Encounter with the World*），第一章便用了长达 70 多页的篇幅，引用了大量的文献资料和博物馆藏品，详细叙述了 Chitqua 在英国的遭遇，并细览了多个博物馆的相关收藏，寻觅 Chitqua 制作的陶像。这是迄今有关 Chitqua 最翔实的研究成果。祈大卫认为，Chitqua 算是"第一个到访西方的中国艺术家"，"被英国艺术家视作同行"。③ Chitqua 的确也有一件作品，曾在皇家学院 1770 年的展览上展出，不过，有关这件展品的记录，是以人手补录的方式加在该次展览的印刷目录上的，写着"245　Mr. Chitqua, Arundel St. , A Portrait of a gentleman, a model"（第 245 项：Chitqua 先生，绅士人像，模型）等字样。由于

Chitqua 和 Whang Tong 在早期一些文献中老被混为一谈，祈大卫在这篇文章中，也稍微提到 Whang Tong。

从 21 世纪开始，Whang Tong 的事迹逐渐在不同的地方得到披露。随着互联网信息世界急速膨胀，每隔一段时间，在各种搜索引擎上敲入感兴趣的关键词，往往都会有新的收获。某次我浏览大英博物馆网页，得悉该馆开放了许多图像数据，又下意识地输入"Whang Tong"这个关键词，果然搜出了一幅画有一个中国人的侧面的石墨水彩画像，后来得悉这张画像 2007 年在北京故宫博物院展览过。④ 按大英博物馆的说明，这是"一名中国人的肖像，据说名字是 Huang Ya Dong，左脸，左肩，石墨，淡抹水彩"。相关说明还标出了 Huang Ya Dong 的汉字写法为"黄亚东"。⑤（彩图 2）如果这画中人真的是 Whang Tong 的话，那他比起之前我看过的那张油画上的少年 Whang Tong，身子明显长壮了，脸也胖了一些，眼神没有少年 Whang Tong 那么忧郁，但显然多了几分沧桑。看着这张画，我仿佛碰上一位多年未见的朋友，惊觉他老了许多。Whang Tong 在我脑海中留下的印象，已从一个腼腆少年变成——用近年时髦的语言说——一个沉稳大叔。

2012 年，时在哈佛大学任教的沈艾娣（Henrietta Harrison）教授，以《18 世纪为英国人在中国任翻译：李自标与马戛尔尼使团》（"Interpreting for the English in Eighteenth-century China：Jacobus Ly and the Macartney Embassy"）为题，在香港中文大学做报告，其中也提到 Whang Tong 这个人，并表示所知不多。我当时恰好在席间聆听，乃即场简介我对 Whang Tong 所知，事后再发旧文与之请教。后来，沈艾娣教授与瑞士伯尔尼大学（Bern University）的温德勒（Christian Windler）教授在 2016 年合办一个名为"跨文化外交的演化：亚洲与欧洲的比较（1700—1850）"（"Transformations of Intercultural Diplomacies：Comparative Views on Asia and Europe

［1700—1850］”）的工作坊（workshop），邀我参加，与会者中不少谈到在18—19世纪跨国跨文化交流中现身的大大小小的各色人物，我也以“16—19世纪珠江口的小人物与大世界”为题做了报告。该工作坊让我对欧洲史学界“漫长的18世纪”（long eighteenth century）和“早期现代”（early modern）的相关讨论有了较深刻的思考。我想，如果我们把 Whang Tong 和 Tan Chitqua 所谓“不寻常”的经历置于18世纪世界史的脉络中审视，再与19世纪中国发生的各种较明显的社会变革联系起来，那么这些经历就显得不那么“不寻常”而更好理解了。

其间，跟沈艾娣教授谈起，才知道我们差不多在那几年不约而同地收到一位名叫乔丹·古德曼（Jordan Goodman）的先生的电邮。他正在写一本有关班克斯的书，因此也很自然地会触及马戛尔尼使团，并遇上 Whang Tong。古德曼先生不谙中文，从互联网的信息中知道我曾经写过一篇以“Whang Tong”为题的文章，便给我发电邮，请我用英文介绍一下拙文大意。在接下来的数年中，我们偶有书信联系，他也很慷慨地跟我分享他在英国肯特郡议会属下的肯特历史与图书馆中心（Kent History & Library Centre，Kent County Council）看到的与 Whang Tong 有关的文献。

2017 年，古德曼先生同耶鲁大学林业与环境学院（School of Forestry and Environmental Studies）荣休院长彼得·克瑞（Peter Crane）教授合作举办一个以布莱克船长为主题的工作坊，邀请我参加。以研究银杏出名，曾任英国皇家植物园邱园（Kew Garden）园长的克瑞教授此时已荣休，专心主理以关怀植物、园林、景观的过去与未来为宗旨的"橡泉基金会"。[⑥]克瑞教授是科学家，其研究按理与 18 世纪中英贸易和文化交流史不大搭界，但他在清点该基金会的图书收藏时，发现了一批 20 世纪60 年代在拍卖会上购得的与布莱克船长有关的手稿（简称为"John Bradby Blake archive"，以下中文简称为"布莱克档案"），乃与古德曼先生合作，以此批手稿为中心，从世界各地邀请了一批文史和植物学的学者齐集橡泉花园参加工作坊。橡泉花园位于美国弗吉尼亚州的郊外，原是美国梅隆（Mellon）家族的私人花园，占地广袤，风景怡人，可能是我去过的最美好的商讨学问的场所了。古德曼和克瑞合写了一篇详述布莱克船长生平的文章，揭示了更多细节，因此修正了我十多年前所述的黄东的故事。其他与会者的报告，也让我对东印度公司的历史，尤其是布莱克船长的父亲在广州的经历，以及其他相关的文献、图像和植物学知识，有了更进一步的认识。该次工作坊的各篇论文，得克瑞教授组织统筹，已经在 18 世纪创刊的英国皇家植物园的专刊《柯蒂斯植物杂志》（*Curtis's Botanical Magazine*）中出版。其中祈大卫所撰《18 世纪到访英国的中国人及其对英国文化与知识生活之贡献》（"Chinese visitors to 18th-century Britain and their contribution to its cultural and intellectual life"），也专辟一节，用十页左右的篇幅叙述了黄东的故事，为本书提供了不少有用的线索。[7]

通过参加这次工作坊，我得以细阅藏于橡泉基金会的这批与布莱克船长有关的手稿，从而知道 Whang Tong 的本名是"黄遏东"。这批手稿除笔记、零星的书信外，还包括四册植物绘图，一方面提供了很多与黄遏东有关的线索，另一方面由于涉及多人在不同时候留下的中英文手迹，也有许多问题一时难以解决。无论如何，这批手稿为我打开了一扇进一步了解黄遏东的窗户。我重新回顾既有的研究，才注意到早在 1946 年，当时执教于国立中央大学[8]的英语语言文学家范存忠，在撰文论述威廉·琼斯（William Jones）的汉学研究时，便有好几段谈到了黄东。[9]踏入 21 世纪，黄东的故事也受到了英国历史和文学研究者的注意，有人认为他既对 18 世纪"浪漫的汉学"（Romantic Sinology）有所贡献，也为后来 19 世纪欧洲的种族理论提供了先例。[10]有些研究者则用黄东和其他在英的中国人的事迹为例，来讨论 18 世纪所谓"英国性"（Britishness）实际上混杂了许多来自东方的"非英国"的事物。[①]我想，经过这十多年一再"重遇"，我应该把我对黄先生的最新认识，结合自己和其他学者的研究成果，重新梳理整合，让他在中文世界再次登场。这次，黄先生不再孤身一人，或只得个 Tan Chitqua 聊作旅伴，而是与 18—19 世纪珠江口更多的小人物共演一出群戏。这正好回应了我自己在 2003 年的文章最后提出的一个疑问——"还有多少'Whang Tong'"。我相信答案是：还有不少。我也相信，只要我们把更多类似的人物纳入视角，我们就可以在漫长的历史时段中，窥见更广阔的世界。

黄遏东先生，我终于可以用你的本名称呼你了。你负笈英伦，羁身海外多年，后来回到中国，寓居羊城，寄人篱下，用你娴雅的英语跟英国人通信。我猜想，回到广东省城，你大抵也会用你尚未遗忘的乡音，夹杂许多英语词汇，把你的英伦奇遇向乡亲父老们娓娓道来。过去，你无法赢得文人学士的青睐，你的故事没有记录在中国史册；如今，随着新史料的发现和新史观的出现，我们终于可以把你在外国遗下的文字碎片和肖像加以拼合，较清晰地再现人前了。当然，这一切也许你并不在乎，毕竟，你当年出国，大抵也没有经过怎样的深思熟虑，不过就是出去走走，赚点生计而已。人家问你什么，你便就你所知回答，也没有想过自己要做什么中英文化交流大使。当年，英国人遇见你，你给他们送上你对中国的理解和想象；今天，我作为一个历史学徒，在茫茫史海中遇见你，你也给我带来阅读史料的许多可能性，我得使出许多法子，来跟你交往。因此，"遇见"——英语"encounter"，有多重含义（遭遇、邂逅、应对）——应该是把我这个史学学徒与你这个历史人物扣接起来的最佳动词了。最后必须交代的是，尽管我知道你的本名是"黄遏东"，但根据你亲笔署名给班克斯爵士的信函，我估计你也经常以"黄东"自称——这也是我们为方便别人记住自己的名字的习惯做法，所以，我把这本小书命名为《遇见黄东》，在书里也大多以"黄东"称呼你，希望你不要介意。

注　释

① Warren R. Dawson ed. , *The Banks Letters： A Calendar of the manuscript correspondence of Sir Joseph Banks preserved in the British Museum, the British Museum（Natural History）and other collections in Great Britain*, London, Printed by order of the Trustees of the British Museum, 1958.

② 拙文刊于《史林》2003 年第 2 期，106～116 页。我后来才注意到，陈国栋在 2003 年冬也发表了一篇文章，叙述了多个 18 世纪访欧华人的故事，其中也包括黄东(在文中音译"汪伊通")。请参阅陈国栋：《雪爪留痕——十八世纪的访欧华人》，见《东亚海域一千年：历史上的海洋中国与对外贸易》，159～187 页，济南，山东画报出版社，2006。

③ David Clarke, *Chinese Art and Its Encounter with the World*, Ch. 1, "Chitqua：A Chinese artist in eighteenth-century London," Hong Kong, Hong Kong University Press, 2011, p. 16.

④ 参见故宫博物院编：《英国与世界(1714—1830 年)》，230～231 页，北京，紫禁城出版社，2007。

⑤ 原文是"Portrait of a Chinese man, said to be Huang Ya Dong; head and shoulders seated in profile to left; Graphite, touched with watercolour"。见大英博物馆"Collection online", "drawing", Museum Number：1967, 1014. 67。

⑥ 见该基金会官方网站。

⑦ David Clarke, "Chinese visitors to 18th-century Britain and their contribution to its cultural and intellectual life," *Curtis's Botanical Magazine*, Vol. 34, Part 4 (John Bradby Blake Special Part), December 2017, pp. 498-521.

⑧国立中央大学由南京高等师范经数度改革而成，1928 年更名国立中央大学，抗日战争时期迁入重庆，战后迁回南京复校，1949 年更名国立南京大学，1950 年又去"国立"二字而改称南京大学。

⑨ Fan Cunzhong (T. C. Fan), "Sir William Jones's Chinese Studies," first published in *The Review of English Studies*, XXII, Oct. 1946, pp. 304-314, reprinted in *The Vision of China in the English Literature of the Seventeenth and Eighteenth Centuries*, ed. Adrian Hsia, Hong Kong, The Chinese University Press, 1998, pp. 325-337.

⑩ Peter J. Kitson, "'Kindness of my Friends in England': Chinese Visitors to Britain in the Late Eighteenth and Early Nineteenth Centuries and Discourses of Friendship and Estrangement," *European Romantic Review*, 2016, Vol. 27, No. 1, pp. 55-70.

⑪ Stephanie Barczewski, "Is Britishness Always British? County Houses, Travel and the Cosmopolitan Identity of the British Elite in the Eighteenth Century," in *The British Abroad Since the Eighteenth Century*, eds. Martin Farr and Xavier Guégan, Volume 1 Travellers and Tourists, Palgrave Macmillan, 2013, pp. 38-55.

"东方之黄色"

小人物如何能在历史上登台亮相呢？也许得先有大人物提携，或至少得与一些不大不小的人物相关。大人物也好，小人物也罢，最重要的是留下一点痕迹。因此，要细说黄东的故事，我们不能让他率先登场，而得由据说是他在广州的雇主——约翰·布莱德比·布莱克（John Bradby Blake，1745—1773）——谈起，因为他至少留下了好些手稿让史家寻觅追查。

一、公司大班布莱克

约翰·布莱德比·布莱克是英国东印度公司的大班（即货监，supercargo）。他英年早逝，生平少为人知。

近年，经各方研究者尤其是古德曼和克瑞的竭力发掘，布莱克及其父亲约翰·布莱克（John Blake，1713—1790）的事迹，才更多地浮出水面，让我们对这两位18世纪从事亚洲贸易的英国船长兼商人，有了更多的认识。①

由于父子二人名字相同，下文且以"老布莱克"称呼父亲，"布莱克"称呼儿子。布莱克家三代都以航海为生，祖父是个船长，老布莱克步其后尘，年仅20便任职东印度公司，在1735—1739年远赴印度和毛里求斯，似乎也曾私下前往亚洲地区做买卖，其后在伦敦经营渔业致富，1763年住到威斯敏斯特的议会街（Parliament Street in Westminster），生活颇为惬意。

在这样的家庭背景中成长的布莱克，1755年入读威斯敏斯特学校（Westminster School），接受传统的拉丁文和希腊文教育。在父亲的熏陶下，对植物学产生兴趣，并由此对中国植物有初步的认识。他家居伦敦，很可能去过大英图书馆，看过博物学家汉斯·斯隆（Sir Hans Sloane，1660—1753）的中国植物标本藏品，亦有可能见过瑞典自然学家、建立生物分类命名系统的卡尔·林奈（Carl Linnaeus，1707—1778）的门徒丹尼尔·索兰德（Daniel Solander，1733—1782）。索兰德在1760年到达伦敦，1764年开始任职于大英博物馆，翌年负责整理斯隆的植物标本目录。

其后，布莱克也步其祖父和父亲航海经商的后尘，积极在东印度公司寻求工作机会，几经波折，最终如愿以偿，获任驻广州大班。这对当时许多英国年轻人来说，是一条十分难得的致富途径，能赴远东尤其是中国经商，也让布莱克有机会接触到异邦的新奇事物。1767年3月，布莱克和另外三位大班及一些随员出发前往东方，同年9月到达广州，翌年8月回到伦敦，10月又再启航，但这趟旅程颇为曲折，结果在1769年7月才再度抵达广州。

布莱克在广州第二次停留的时间较长，因此得以把他对中国植物的研究兴趣付诸实践。他这种个人兴趣也是大英帝国盘算如何把世界各地资源纳为己用的写照。据古德曼和克瑞考证，布莱克曾明言他在广州的"目标是发现这个帝国里一切产油的，有助发展医药、饮食、制作颜料和贸易的，而在欧洲又罕为人知的林木、灌木和各种植物"，可谓志气昂扬。当然，在当时清政府对外国人的活动实施各种限制的政策下，布莱克的考察活动只能限于广州城外的西关和河南几个角落，要发现中国"一切"的植物，是绝不可能的。布莱克在广州和澳门四出考察，收集种子，制作标本，聘人绘制植物图画，在驻广州的英国商馆的后园试种某些品种，努力参考各种书籍充实自己的植物学知识，并与父亲和英国有关人士与机构诸如"艺术、制造和商业促进会"（Society for the Encouragement of Arts, Manufactures and Commerce）保持紧密联系，还不时将他在广州收集得到的种子和植物样本置于专门设计的盒子，寄给身在伦敦的父亲，让他转与英国皇家植物园、伦敦切尔西草药园（Chelsea Physic Gardens）和其他的英国机构、花卉商人、花农，甚至远在美洲殖民地的业余植物爱好者。②我们可以想象，如果这些种子最终开花结果的话，今天我们在英美这些地方看到的某些中国植物，最初的种子很可能是来自两百多年前的广州，是布莱克父子努力的成果。

约在1771年，布莱克又开展另一计划，用他自己的话说，就是"制作一份完整的中国植物写生图册，并附样本、植物、种子等，说明其用途、价值、种植、季节、结果和开花的情况"。③为此，他聘用了一位中国画师帮他绘图。据古德曼和克瑞考证，布莱克在广州绘制的植物图册，主要参考的范本是林奈所著的植物学文献《克利福特园》（*Hortus Cliffortianus*，1737）中由格奥尔格·迪奥尼修斯·艾雷特（Georg Dionys Ehret）绘制的植物图。布莱克也尽量把他的种植计划和绘图计划两相结合，也就是说，他尝试把植物生长过程的不同阶段记录下来，因此，某种植物的绘画，往往要花上数月甚至超过一年才能完成。

迄今所知，这批植物图画部分藏于橡泉园林基金会图书馆，部分藏于英国伦敦自然史博物馆，还有部分属私人藏品。关于这几批绘画是否来源相同或是否出自同一人的手笔，尚有许多讨论余地。我们清楚的是，橡泉园林基金会图书馆藏的布莱克工作笔记和书信里，有两三行有关这位画师的记载，由此我们得知他的中文名字叫"麦秀"。(图1)有关笔记是这样写的：

麥秀 Maak or Mauk Sow-u The Name of Mr. Blake's Painter who went every Day to Mr. Blake's Room——about 33 Years of Age. Middle Size，lives at Canton.④

（麦秀，布莱克先生的画家的名字，他每天都去布莱克先生的房间。年约33，中等身材，居广州。）

图1　布莱克档案中记录了"麦秀"这个名字的一页笔记(局部)

图片来源：OSGF, JBB, Description of a Five Volume Chinese Herbal, pdf p. 9. Courtesy of Oak Spring Garden Foundation, Upperville, Virginia, U. S. A.

现存"布莱克档案"中有一封布莱克给他父亲的信函，亦可见他对麦秀赞誉有加：

> 我十分有幸，找到一位别具天赋的中国人。尽管他不是植物学家，但他非常有能力协助我准确地临摹天然（copy exactly from nature）。我把他留住（费用不少）纯粹为我服务。他已为我服务两年了，只要我还住在这里，我就会一直留住他。只要我没有别的任务，他每天从早上九时至晚上六时都和我在一起。一旦所有货船离开，新一轮贸易季度未至，我便会跟他在我的房子里坐在同一张桌子前。

如果我研究这个国家的博物和植物史不能达到什么别的目的的话，至少能够让我打发无聊的余暇。⑤

这几年应该是布莱克船长在枯燥的贸易生涯中最惬意的时光。可没想到的是，1773 年 11 月 16 日他在广州英年早逝，其未竟之志，也只剩下一些札记和图画让我们想象。⑥正如克瑞评价："18 世纪末至 19 世纪初，正是全球有关植物多样性的知识基础结构发展之时，布莱克将中国植物的知识整合到这个结构当中，毫无疑问是个先驱，值得铭记。"⑦

在布莱克去世三年后(1776)，英国《绅士杂志》刊载了一篇悼念布莱克的文章，也提到上述中国画师工作的情况：

[布莱克]在不同的时候把 50 张经选取的植物的写生图寄回家。当中绘画的花蕊和果实部分，都是由他解剖的，且都上了颜色。

为此，他聘请了一个最具才华的中国画师。在布莱克先生的指导下，这位画师用铅笔和颜料尽量贴近自然地［绘制花卉］。

　　布莱克先生告诉我，为了让这位画师全心全意为他服务，他花费不少，甚至与其立约，应允一直服务到他离开中国为止。在布莱克先生去世前三四年，这位助手天天从早上九点到黄昏六点，都在布莱克先生商馆区的寓所度过，这也是布莱克先生趁商船返回欧洲(译者按：即两个贸易季度之间)闲暇的时候。

　　布莱克先生每天也伏案工作八九小时。他把在不同时候收集得来的植物样本铺在桌上，解剖花蕊和果实部分——这是中国人一窍不通的——然后便勾勒花卉的外形，让助手上色和完善。说真的，这批绘画既雅致优美又科学精准，对任何亲眼见过的人来说，都酷似真实大自然中的植物。⑧

文章的内容与布莱克写给他父亲的信函十分相近，应该是老布莱克供稿的。这篇文章我早就看过了，如今读到这篇文章内容可能的出处，并从中知道这位中国画师名"麦秀"，除了促动我进一步搜寻麦秀的踪迹外，也教我感兴趣的是，为什么"麦秀"这两个中文字，会如此笔画清晰地出现在"布莱克档案"的其中一个本子里呢？在当时的情景中，这样的中文字迹明显是中国人写的，而最可能留下这中文字迹的，就是本书的主角——黄东。

黄东终于可以出场了，但"布莱克档案"有点复杂，让他的出场时间变得不好安排。

二、广州事仔黄遏东

或许我们可以先这样开始——无论怎样，黄东的身份是清楚不过的，用当时的"省城土话"说，他很可能就是受雇于布莱克的"事仔"，也就是英语的"boy"。1936

年一篇刊载在英国文史杂志《札记与答疑》(*Notes and Queries*) 的文章是这样介绍他的——"Captain Blake's Chinese Boy"（布莱克船长的中国男孩）。⑨这篇文章我们稍后还会谈到，但在这里值得一提的是，该文作者在当时有限的条件下，尽其所能搜集了一些关于黄东的资料，写就了该篇文章，并在文章最后一段说："我猜我们不大可能对这个充满传奇色彩的人物——这个中国小男孩——有更多的认识了。"到了80多年后的今天，我们有幸看到更多资料，自信能够对这个"中国小男孩"有更多认识，从而知道黄东不是仅仅负责斟茶递水送信接客的"事仔"，他的中文书写能力、英语水平、博物知识，甚至对商业和市场的掌握，可说是与一个颇为成熟的通事或买办 (compradore) 无异，也可能是长期追随布莱克船长的缘故，其植物学和本草的知识，比常人更为渊博。

黄东是否在布莱克 1767 年首次抵达广州时便受雇

于他，已难以考究，迄今为止，我们还没有看到他直接受雇于布莱克的证据。古德曼和克瑞认为，从"布莱克档案"中的种种痕迹看来，黄东在1768年8月布莱克从广州回家时，曾跟他一起赴英；然后在1774年，也就是布莱克去世大半年后，再度赴英，即前后去过英国两次。有关黄东第一次赴英，古德曼和克瑞是根据"布莱克档案"内的一些蛛丝马迹推断的，但我在浏览过这批档案后，觉得这个说法可能言之过早。至于他在布莱克去世后并由此在英国逗留了至少十年的事迹，则有好些研究者包括我本人都已经谈过，这也是本章要进一步探讨的主要内容。他到底何时从广州出发，坐上什么船远赴英伦，古德曼和克瑞认为是不早于1774年1月15日，并有资料显示他同年8月已在伦敦现身，尽管在他有可能搭乘的东印度公司船只的乘客名单上未见他的名字。古德曼和克瑞指出，布莱克在广州期间请中国画师绘制的画册，是黄东从广州带到英国交给老布莱克的。后来这批图画被老布莱克传给他最小的女儿，一直由其夫家珍藏，直至 1959 年 10 月 27—30 日拍卖为止。[⑩]

我认为，现藏美国弗吉尼亚州的橡泉园林基金会图书馆的"布莱克档案"，部分内容是在黄东 1774 年抵达英国之后形成的。可以想象，黄东甫抵伦敦，没有什么人可以投靠，主要是住在老布莱克处，日常工作便是帮他补充和注解布莱克在广州收集的植物学资料。黄东的笔迹和事迹，特别是他的中文书写，因而在"布莱克档案"中得以留存。当然，这些中文字并未注明是"黄东之笔"，我们只能基于文内文外的脉络，认定它们是黄东的，由此捡拾出黄东零碎的事迹并编织出他的知识世界。因此，我们有必要先介绍这批"布莱克档案"，才能做进一步的内容分析。

所谓"布莱克档案"，是橡泉园林主人保罗·梅隆（Paul Mellon，1907—1999）在 1963 年购入的一批与布莱克船长有关的图画与手稿，其中包括：

（一）4 册水彩、粉彩博物图画

其中 176 张为植物绘图，17 张为鱼类，1 张为"脚鱼"（龟?），还有两张画的是用来经海路运载植物的特制木箱，总共 196 张，大多绘在 39 cm×34 cm 的中国纸张上，大部分的绘画都在四边加上一条黑线，形成一个黑框。这批画逐张粘贴在洋纸上，再装订成册（OSGF，JBB，Vol. 1-4）。

（二）7 册手稿

（1）3 册与上述绘图中的首 3 册相对应，详细记录了所绘植物的细节，纸张大小不一，装订成册，约 32 cm×21 cm（OSGF，JBB，Index Vol. 1-3）；

（2）1 册有关本草的笔记，纸张大小相对一致，装订成册，约 32 cm×21 cm（OSGF，JBB，Description of a Five Volume Chinese Herbal）；

（3）1 册记录了送往英国的一批种子和植物的清单，纸张大小不一，装订成册，约 32 cm×21 cm

（OSGF，JBB，List of Seeds and Plants）①；

（4）1 册比上述 5 册稍大的本子（37 cm×24.5 cm），内含植物以及其他笔记和书信，纸张大小不一（OSGF，JBB，Description of Plants and Autograph Letters）；

（5）1 册中英对照、图文并茂的杂字书，似乎出自数人手笔（OSGF，JBB，Chinese-English Vocabulary）。

值得注意的是装订这批图画和手稿的外封用料。4 册图画用的是以金色为底色织以红、蓝、绿三色祥云图案的光面丝绸；那本中英对照的杂字书，用的是以红色为底色织以蓝绿花卉图案的绸缎。这两种封面与我见过的蓪纸画②册装订所用的外封材料相近，应该都是中国制造的。其余的手稿，则是用褐色为主色的大理石纹理纸作外封装订的，是欧洲的产物。可以猜想，博物图画和图文并茂的杂字书是在广州装订好后带到英国的，其他的手稿，则可能是不同时候分别在广州和英国形成，后来才在英国装订成册。[13]博物图画和和杂字书的图，很可能是麦秀绘制的，但文字部分也可能是黄东事后补上的；其他手稿上的中文字，可能是黄东不同时候在广州和英国写下的。这些手稿中还不时出现"Whang at Tong says…"的字样，可视作黄东"口述"的痕迹。另一个经常出现的英文说明是"Ext rough Memo. dm book"，意即"Extracted from rough Memorandum Book"（从备忘录摘取），估计是从另一些笔记本中摘取的。不论是从别处抄录的、当时书写的，还是口述记录的痕迹，我们都不一定能判断哪些是黄东在广州跟布莱克相处时留下的，哪些是他在英国跟老布莱克相处时留下的。

这批手稿中最叫人兴奋的，是显示了黄东全名是"黄遏东"的一页，让我们知道这位在英语文献以"Whang At Tong"出现的"中国男孩"，本名是"黄遏东"！在"黄遏东"三个字的右侧，还加上了拉丁拼写的"Whang at Tong"，并注明"Name of Mr. Whang（Surname）Atong（Christian Name），Whang at Tong：Yellow of the East"（Whang［姓氏］Atong［名字］先生，意谓"东方之黄色"）。⑭这三个字，是出现在那册有关本草的笔记里的。在这个本子里，首页写有"汪讱菴先生原本增订图注本草备要杏园藏板"等中文字样。翻了30页左右，又有一页写有"吴氏重订本草纲目太和堂藏板"等中文字样，两个书名每个字的右侧，都标了粤语读法的拉丁拼音和英语释义。⑮据相关研究，汪讱菴（即汪昂）编纂的《本草备要》，是他系统研究《本草纲目》等多种本草及医药著作的普及性手册，由于篇幅精简，文字精练，流行程度远高于《本草纲目》。该书初刊于康熙二十二年（1683），增补本《增订本草备要》四卷在康熙三十三年（1694）成书，两者均由汪氏还读斋刊印。至乾隆初年太医吴谦审定，重刊时另增"药图"一卷，图文并茂，后世一版再版。⑯至于"吴氏重订本草纲目太和堂藏板"，一般系指顺治十二年（1655）吴毓昌重订的《本草纲目》五十二卷。⑰这两种书的初版与黄东活跃的年代有一百年左右的距离，黄东用的不大可能是初刻本，而应该是后来的翻刻版本。他用的杏园藏板的汪氏《本草备要》是"图注"的，英文解释写明是"五卷"（five volume），应该是经吴谦审定另增药图的版本；而"吴氏重订本草纲目太和堂藏板"则有英文说明是 52 册（卷）（containing 52 books）。

有多处记录显示，装订在这册的散页，可能是黄东为布莱克曾经做过标记的两种中国本草书籍和麦秀所绘的四册博物图所做的补充注释，而且黄东很有可能将这两种用中国丝绸装订封面的本草书籍带到英国去。⑱由于笔记原来是散页，所以编排不完全有序，次序比较清晰的是其中有 20 多页所列的中文药名，大体按汪氏《本草备要》的次序排列，至于与《吴氏重订本草纲目》有关的，似乎只有最后几页，这也可能是因为前者是普及书籍，卷数较少，比较容易明了。⑲其中有些条目标有"JBB"字样，可能是指布莱克在原书某页做了标记。从字迹看，中文字用中国毛笔书写，出自中国人，我们可假设就是黄东；英文字有多种字迹，用墨水笔书写，出自外国人，其中一个很可能就是老布莱克。

为什么黄东在注释这两种本草书籍时，会写下自己的名字呢？细阅这一页笔记，会看到"黄厄"一词，读音标了"Whang Chee"，并以英语说明是一种配合"呀嘛"（胭脂虫）使用的黄色染料。再往下看，便看到几个粤语读音相同的字——"黄""王""皇""凰"，皆标以"Whang"的拼音，相关的词则有"黄厄""皇帝""凤凰"几个。我们或许可以猜想，很可能是在注释"黄厄"时，黄东连续举了几个读音相同但字形和字义不同的字，向旁人（很可能就是布莱克父子）解释，因此便出现了这样的从上而下的序列：

黄厄

木

子

黄

皇帝

万岁

王　　　　　　　凤凰

黄遏东

　　　　　　奇骥

　　大抵是写到"皇帝"时，黄东解释说皇帝是要尊称为
"万岁"的，并且要跟"王"字予以区分；再谈到自己的姓
氏是"黄"，全名"黄遏东"，可能由于"遏"不好解释，便
简单说是"东方之黄色"；然后在右侧的空位，多举一个
"凰"字的例（凤凰），详加解释；既然谈到凤凰，就顺带
提一下"麒麟"（写作"奇骥"），没有记下任何解释。（图 2）
粤语"黄""皇""王""凰"同音，这样的字词联想序列——
"黄→皇（帝）→万岁→王→（凤）凰→麒麟"，竟有一点今
天互联网时代超文本链接的味道！也许他自己姓黄，因而

图2　黄遏东为自己"留名"。以这张截图为例我推断中文字用毛笔和中国墨书写，出自中国人手笔，应该就是黄东自己；英文字用羽毛笔书写，出自外国人手笔。黄东也懂英文书法（例子见下），但笔迹明显不同。

图片来源：OSGF, JBB, Description of a Five Volume Chinese Herbal, pdf p. 33. Courtesy of Oak Spring Garden Foundation, Upperville, Virginia, U. S. A.

对"黄"的读音特别敏感。在"雄黄"这种矿物一项，他又注明了"黄"的官话读音是"Whang"，粤语读音则是"Whoang"。㉑

上文提到的中国画师"麦秀"的名字，也是出现在这一册中国本草的手稿里的，但并无什么上文下理可循，可能只是纯粹因为黄东在为麦秀绘画的图册加以注释，就顺手写下他的名字和简历。

在这些手稿里，黄东不但为自己和麦秀"留名"，还留下了他的经历与见识，以及布莱克在广州的轨迹。在注释两种本草书籍的这个册子里，几乎每一种药物都标了读音和附加了一些补充资料，应该都是黄东提供的，但他偶然也会抄错或写错。例如，汪氏本草所列的"鲫鱼"，他写成了"鲰鱼"，并标音为"Long Yu"。㉑这本笔记也反映了一些他在英国的经历。例如，谈到"刀豆"时，黄东说他在"Seven Oaks"（七橡）见过，比中国的要大，"七橡"是指英国肯特郡的七橡文法学校，据说黄东曾在此就读。在解释"汪讱菴先生"中"先生"二字时，他说意思是

"Nobleman—like Duke of Dorset, St. Charles, Title"（贵族——就像多塞特郡公爵，圣查尔斯，称衔）。②

　　这样的类比并不十分准确，但反映了黄东知道英国"Duke of Dorset"（多塞特郡公爵）和"St. Charles"（圣查尔斯）这样的称衔。他与 Duke of Dorset 即多塞特郡第三任公爵的关系，以及可能在七橡文法学校就读的事迹，会稍后叙述。在另一本手稿里，有记录显示黄东会就某种植物比较他在广州和英国所见。例如，在讲到"川芝莲"时，黄东说"它跟我们（即英国的）的 Persicaria（春蓼）不同，它的花是黄色的"；又说［中国的］八角跟美国的不同；谈到译作 raddish 的大菜（广东很多地方称萝卜为大菜），黄东又说其花叶跟 raddish 类似，但根部不同；而苋菜呢，他则说在英国见过。③这些备注都是只有在黄东有英国生活经验的情况下才能记下的。由此推断，手稿有好些内容应该是黄东在布莱克去世后到达英国与老布莱克共处期间，亦即他已在英国生活了一段时间之后才形成的。

与博物绘图配合的三册详细记录所绘制的植物的细节的笔记里，多处留下了"Memo'dom［Memorandum］from Mr. Whang a Tong relative to Mr. Blake's 4 Volumes of Drawings"（黄遏东先生有关布莱克先生四册绘图的备忘）的标题或说明，可见这三本册子有许多有关中国植物或其他方面的资料是黄东提供的。装订在第一册里的，是按图册将所绘的植物制作的名录，共6张11面，每种植物名字先用中文写出，再用粤语念出，经人（布莱克、老布莱克或黄东?）以拉丁字母标音，然后再参考包括恩格尔伯特·肯普费（Engelbert Kaempfer，1651—1716）的《异域采风记》（*Amoenitatum Exoticarum*，1712）等书籍，加以说明。（图3）

将第一册索引的中文字迹与绘图上的字迹对照，中文字的拉丁拼写的字迹几乎可以确定乃出自同一人，中文字迹亦差异不大，而且所谓差异，很可能是书写者在制作索引时，有意将字体写得更像印刷体，用笔尽量平整所致。书写人甚至很可能是先用铅笔打了草稿，再用

图 3 "杨梅"图
图片来源：OSGF, JBB, Vol. 1, pdf p. 5. Courtesy of Oak Spring Garden Foundation, Upperville, Virginia, U. S. A.

续图 3　与"杨梅"这张植物绘图对应的笔记，笔记中有关杨梅的备注，出自 *Amoenitatum Exoticarum*，p. 798。

图片来源：OSGF，JBB，Index Vol. 1，pdf p. 11. Courtesy of Oak Spring Garden Foundation, Upperville, Virginia, U. S. A.

cipio in figuram extensa circinatam vel ovatam, margine integro, anterius saturiori virore micantia, nervo medio in carinam depresso, subtus insigniter protuberante, à quo propullulantes reliquos, quamvis multos & ramosos, folii substantia obliterat. *Flores* pediculis pene uncialibus surrectis, singulis, vel bifurcis, ac in calyculos acutè dentatos desinentibus, mense Majo arborem velut nive tegunt, per surculorum fastigia in fasciculos congesti, pentapetali, floribus Aurantiis figurâ & magnitudine pares, odore florum *Sandelmalum*, sive mali Citriæ suavissimo, staminibus quinque flori concoloribus, apicibus longis rufis, stylo brevi, qui seminali turbini insistens succedenti fructui remanet. *Fructus* sunt rotundissimi, ceraso majores, rubicundi, monococci, tribus sulcis desuper inscripti, & in totidem fissuras per maturitatem autumnalem dehiscentes, cute vestiti glabrâ, pingui, coriacea. *Semina* intus, permixto glutine, compacta ac conglobata latent tria, ex mutuâ compressione angulosa, granis paradisi paria vel minora, nitidè rubentia, substantiâ interiori albâ, lentâ, durâ, saporis tetrici.

桃 *Too*, vulgò *Momu*. Malus Persica.

楊梅 *Joobai*, vulgò *Jamma mómu*. Arbor, Arbuto, folio non serrato C. Bauhini, affinis. *Seu:* Malus Persica sylvestris, fructu rubello granulato, osse in oblongum rotundo, nucleo integro.

李 *Ri*, vulgò *Ssu momu*. Malus Persica fructu acido, per maturitatem rubicundo.

杏 *Kjoo*, vulgò *Kara momu*, i. e. *Momu* ex Catajâ. it. *Ansu*. Malus Armeniaca, fructu majori.

Bài,

续图 3　书影撷取自：Kaempfer, *Amoenitatum Exoticarum* (1712)，p. 798(对应"杨梅"图笔记的备注，出自此书 p. 798)

毛笔小心描写。在这清单最后一张的背面，有人写上了"Mr. J B Blake's China Characters etc. of the Copies of his China drawings sent home AD"（约翰·布莱德比·布莱克先生有关他寄回家的中国绘图的中国字，等等）等字样。这句话尽管可解作"布莱克先生的中国字"，但应该不会是指他自己写的。这些清单很可能是黄东跟布莱克在广州一起制作的，中文字应该是黄东写的，拉丁字母或英文字则很可能不止一个人的笔迹。再进一步推敲的话，图是麦秀画的，但图上的中文字是黄东写的，拉丁字母或英文字则出于多人之手，可能包括黄东、布莱克和老布莱克。

　　装订在清单之后的，绝大部分是有关这些植物及其绘图的英语笔记，很可能抄录自更早的手稿。部分内容揭示了某些绘图是在植物生长的不同阶段绘画各个局部，历经时日方最终完成的。例如，"三敛"一图，便分别是在1771年6月25日绘制花朵，8月20日绘制果实，1772年9月25日绘制解剖图。[22]（图4）

图4 对照相关笔记，可知图中三敛（此处写作"歛"）的花朵、果实和解剖图是在不同时间绘制的。

图片来源：OSGF, JBB, Vol. 1, pdf p. 12. Courtesy of Oak Spring Garden Foundation, Upperville, Virginia, U. S. A.

这几十页的英语笔记中，偶然也会出现一些中文字，很可能是黄东加上去作为补充说明的。例如，在注解某种荔枝的绘图时，图上写的中文字是"进凤荔枝"（图5），索引的英文注释是"Tchoone Fong Lichee Painted about 15th June 1771 Tributary—foong, Present，or near as I can understand it a Present fit for an Embassador to present to the Emperor"（约绘于1771年6月15日，"foong"："奉呈"的意思，据我所知，即适合使者朝贡给皇帝的礼物）。注释左侧又补写了一些英文和中文字，英文字谓这种"Tchoone Fong Li是在1771年6月第三周绘画的，20天左右结果，属大种，据我所知，名字至少有以下几个"，接下来有人以中文字写下这种荔枝的几个名字，有人再附上拉丁拼音及字面解释，包括：进奉荔（Tchoone Fong Li），尚书怀［懷］（Chayong Shu Woyey），塘驳荔（Tt{?}ong Poke Li）。中文书写者将"懷"的部首写成"衤"字部，右边的部分也有笔误。^④（图6）所谓"尚书怀"，

图 5 "进凤荔枝"图

图片来源：OSGF，JBB，Vol. 1，pdf p. 16. Courtesy of Oak Spring Garden Foundation，Upperville，Virginia，U. S. A.

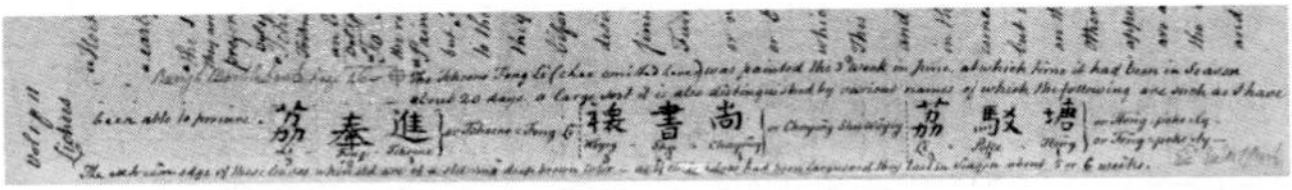

图6 此页可见有人在另一人所做的英语笔记右侧加上中文字，英语笔记的书写者再在中文字旁加上拉丁字母拼音和字面解释。注意"怀"（繁体作"懷"）字的笔误。

图片来源：OSGF，JBB，Index Vol. 1，pdf p. 27. Courtesy of Oak Spring Garden Foundation，Upperville，Virginia，U. S. A.

粤东著名文人屈大均曾在其《广州荔支词》中有所记述："岭南荔支以增城沙贝乡所产为最，其曰尚书怀者，因湛文简公从闽之枫亭怀核以归，种沙贝，故曰尚书怀。"㉖屈大均（1630—1696）是明末清初人，湛文简公即湛若水（1466—1560），是明代大思想家，不知黄东有否听闻？

其实，类似"笔误"，在这批"布莱克档案"各处偶有所见。某次黄东写了"宝蓝"二字，发现"蓝"字有误，便打了个叉，重新书写。（图7）

有时候，与其说是书写者的笔误或写错字，不如说是同一字的不同写法，即所谓异体字或俗字。黄东甚至就此给他的主子补了一点中文课。例如，他用三种写法

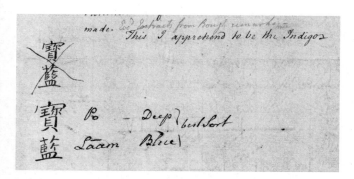

图7 改正"蓝"字的痕迹

写下了"白豆蔻"的"蔻"字后，便给布莱克做了些说明，布莱克再记录如下：

The above 3 Characters are all the Same. The Difference arises only by the Cut or Stroke in the writing of Different Person but equally understood…

B b B b this Mr. Wang a Tong shows to explain the Difference in the China Characters, according to the Manner of the Writers—& which is easily understood in each Language by each Nation in their respective Languages altho [although]. —the Cut of the Letter or Character differs so much this arises by writing quick or Slow—running hand or still hand etc. etc. [②]

（以上三字是一样的字，差别只在于由不同的人书写，故笔画有异……

Ｂｂ Ｂ ｂ 黄遏东先生以此解释[同一]中文字[写法]的差异，跟书写者的做法有关，这个不难理解，不同国家的语言文字也有类似的情况，尽管[中国]的字母或文字会因为书写速度的快慢——草书或正楷——而有所不同。）

在解释"浮萍"二字的部首时，似乎又是黄东留下了这样的说明：

This is the China Character for Water | 氵 |

and all Plants in whose China Names this Character is compounded with other Characters / united to it / are produced and grow in Watery Situations.［Ext rough Memorandum book］ ⑰（index vol. 2，pdf 40R，铅笔书写）

（这是表示"水"［氵］的意思的中国字。所有用这个部首与其他字构成或合成的字命名的植物，都表示这种植物是在水里生产和成长的。）

至于有关花果植物的知识，黄东所做的补充，更是不在话下，尽管有时只是很简单几个字，但也多少反映了本地的习惯用法和认识。例如，在补充以下这张在1772 年绘制的"橘橙"图（图 8）时，相应的英文笔记说："Whang al Tong says it is only called Tchaang"（黄遏东说它只管叫"橙"）。⑱

谈到"乌糯"时，黄东又补充说："这种果子比图画显

图 8 "橘橙"图
图片来源: OSGF, JBB, Vol. 1, pdf p. 21. Courtesy of Oak Spring Garden Foundation, Upperville, Virginia, U. S. A.

示的大。人们用它来做蜜饯给小孩吃。在福建生长，送礼用，所有孩子都吃。"㉟至于"柿子"，黄东则补充了较多的细节："用水煮，剥皮，晒干。在商店有售，人们购买并置于米饭蒸煮，给儿童吃，味甜，与糖相若。"㊱说到"苦楝"，黄东的评价是："果子一点好处都没有。这种树到处蔓生。树皮可入药治疹用——指人们用作燃烧的木。"㊲

黄东对麦秀的绘图的补充，往往是提供一些基本知识，并对植物名字做一些字面上的解释。就1772年4月29日在澳门绘制的"益母艾"图，他补充的资料是"大多用以入药"。㊳对一种叫"亚娘鞋花"（图9）的植物的名字，他则提出了几个解释，又有人在笔记中用"WT"标明是他补充的。这几个解释分别是："Wife wears of Shoe"（妻子穿鞋）；"Wife the Slipper"（妻子屦）；"The Mans Shoe but pointed"（男子的鞋，但是尖头的）。㊴

某次，有人拿着一片叶子询问布莱克（或老布莱克）是什么花，黄东告知他是"瑞香花"，又写下中文名字并

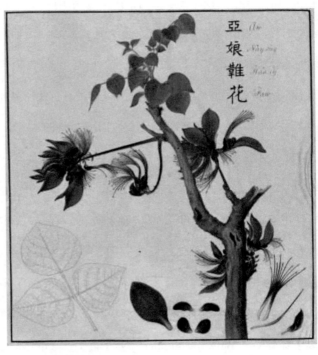

图 9 "亚娘鞋花"图

图片来源：OSGF，JBB，Vol. 2，pdf p. 32. Courtesy of Oak Spring Garden Foundation, Upperville, Virginia, U. S. A.

告知粤语读法。这张纸本来夹附了这片叶子，叶子如今不见了，只剩下正背两面的遗痕。（图10）

　　黄东也掌握一点物产出口和制成商品的情况。在配合"槁树"图所做的索引笔记中，较长的英语部分应该是布莱克对自己栽种这种植物的过程的观察记录，而黄东则就槁树可榨油做蜡烛的经济价值，做了一些补充。

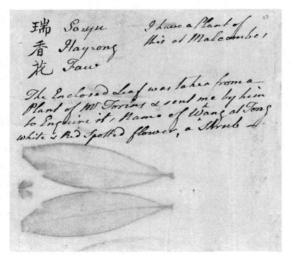

图10　瑞香花叶留痕
图片来源：OSGF, JBB, List of Seeds and Plants, pdf p. 33. Courtesy of Oak Spring Garden Foundation, Upperville, Virginia, U. S. A.

檽(Ko)：Candles 或 Lob chokes(蜡烛)，（中国铜钱)70 每斤。

乌桕(Ou Cow)：同上，50 每斤。

檽(Ko)：蜡烛芯是黄色的。

乌桕(Ou Cow)：蜡烛芯是白色的。

所有蜡烛在最后一过时会浇上鲜艳的红色混合颜料，在丧礼则全用白色、蓝色，其他场合则会用绿色或红色。

笔记上清楚记载是"黄遏东说"(Whang al Tong says)的，是"这种树实际上更大""其油脂价格以每两算，是最贵的"等说明。⑤还有一个类似的例子是，当谈到"沈桂"(Tchom Qui)时，黄东补充的资料是"这是最好的肉桂(cinnamon)，十分少见，长在海南(写作'Haynan')，价格比普通肉桂贵 100 倍"⑥。

在另一例子中，黄东对两张分别在 1771 年 7 月 18

日和 1772 年 2 月第二周绘制的"夷茶"图做了补充说明，

原文如下：

Whang at Tong——says Mo：ee Chaw is Bohea or

black Tea-or E chaw

Hyson or Green Tea——Hee chun Chaw

Singlo is Song Lo

Souchong is Souchong in China

Paak Ho——a Green Tea with a Glass White hair

to be seen. The Leaves——a small leaf-we call Picko

Ho Ping Chaw——Honam Chaw-Thing Yune

Chaw[…]Cune Chaw

Si chu chaw——Oone long chaw & various。[⑰]

其中，"Mo：ee Chaw"即武夷茶，"Hee chun Chaw"即熙

春茶；"Song Lo"即松罗，"Souchong"即小种，"Paak

Ho"即白毫（并加说明谓"一种绿茶，会露出一些剔透的白发模样的叶子"），"Honam Chaw"即河南茶，"Oone long chaw"即乌龙茶，都是我们熟知的外销茶叶词汇，其余中文原名尚待查考。这段笔记没有半个中文字，很可能是黄东告诉老布莱克的资料，由老布莱克或另一外国人记录下来。

在给一张1772年在澳门绘制的"土茯苓"图做补充说明时，黄东提到这种根茎植物有出口到印度和日本。⑧就一幅1772年8月25日和28日绘制的"高粱粟"图，黄东给出的说明是：

Painted the Koo Layong Soke, Millet, From which Samsu in the Northern Provinces is distilled—| a Samsu like Beer good Taste made to the Nward [?]Strength of Red Wine—Whang A Tong |

（高粱粟画妥，即小米。北方省份的三烧就是

用它蒸酿的。三烧像啤酒，味道不错，劲道与红酒相当。——黄遏东）⑳

黄东对钟磬似乎也有一些认识。一页标题为"Mem. dom［Memorandum］from Mr. Whang-at-Tong relative to the Sounding Musical Stones"（黄遏东先生有关磬的备忘）的手稿上，记下了黄东为询问者简介十种磬。⑩这是否因为刚好在那本中英对照图文并茂的杂字书里记载了"戠磬"和"磬"⑪，一时也难以查考。

综合而言，这批手稿反映出黄东具备了一定的本地物产的知识，中文的识字和书写能力（包括书法水平）不俗，他的英语听力和口语也应该是不错的，否则难以跟不懂中文的布莱克父子沟通。还值得注意的是，如果我没有估计错误，这批手稿有些部分是黄东在广州服务布莱克时形成的（特别是为各种植物写上中文名字，提供粤语读音和备注的部分），有些部分是他在英国与老布莱克共处时形成的（特别是某外国人注明是"Whang at Tong says"的英语笔记），我们可以想象，不论是前者还是后者，这个广州"事仔"黄东，都跟他的外国主人有亲密频繁的接触，对于布莱克在广州四至五年的工作和生活，老布莱克也许通过黄东而知道得更多，也可以说，黄东帮助老布莱克延续了他儿子在广州的未竟之志，以一个"外国人"的身份，将一对本血肉相连却天地相隔的父子的感情与志趣联系起来。[42]

三、中国僮仆"Warnoton"

黄东在 1774 年 8 月抵达英国伊始，似乎不止为老布莱克一人服务。他在到达英国的头几年，可能以"事仔"（boy，page）或"仆人"（servant）的身份，在位于肯特郡的多塞特郡第三任公爵的诺尔宫室里待过。如今，在诺尔宫室一间命名为"雷诺兹室"（The Reynolds Room）的房间里，还挂着乔舒亚·雷诺兹爵士（Sir Joshua Reynolds，1723—1792）为黄东绘制的油画。这张画是多塞特郡第三任公爵在1776年以73.10英镑向雷诺兹订制的，据说至迟在1780年已悬挂在诺尔宫室。⑥如今，黄东的肖像与另外五张雷诺兹和其他画家绘制的肖像画挂在同一面墙上，另一面设有壁炉的墙，左右两侧分别挂有约翰·萨克维尔（John Sackville）及其妻子的肖像，前者也是雷诺兹绘制的。黄东的这张肖像，成为今天我们可以推敲他当时的年龄、样貌、衣饰甚至心境的重要依据。雷诺兹是18世纪蜚声欧洲的肖像画家，也是英国皇家美术学院（Royal Academy of Arts）的创办人之一兼首任院长；欧洲各国的皇室和贵族成员、社会名流包括班克斯和许多其他皇家学会会员的肖像画，都出自他的手笔。⑥我在2018年以游客的身份到访宫室，自然也郑重其事走到雷诺兹爵士厅，细细地观览了黄东这张肖像画（见彩图1）。诺尔宫室的导览册子是这样介绍这张肖像画的：

黄亚东（Wang-y-Tong），诺尔宫室一名中国仆人

乔舒亚·雷诺兹爵士，皇家美术学院院长

（1723—1792）

他若有所思地坐在竹椅上，红色的方形的鞋尖，与他袍子上绯红和碧蓝的颜色相映成趣，[如此打扮的]黄遏东给诺尔宫室带来一抹东方的异国情调。这个中国侍童是布莱克从广州带到英国来的，布莱克是第三任公爵在威斯敏斯特学校的同学，也是东印度公司的职员。黄遏东吸引了公爵的注意力，公爵将他带到诺尔宫室为他服务——英国的仆人管他叫"Warnoton"——还让他在七橡文法学校受教育。[5]

这本在1998年出版的导览册子的作者罗伯特·萨克维尔-韦斯特（Robert Sackville-West），是萨克维尔家族第十四代后人，也是诺尔宫室的产业继承者，目前与家人居于宫室一隅，致力于发掘家族的历史。由于这只是本

导览小册，上引黄东画介绍，并未交代出处。⑩

据上文提到的 1936 年刊登在 *Notes and Queries* 的 "Captain Blake's Chinese boy" 一文，存世的黄东画像共三张。一张是诺尔宫室的这张全身像；第二张也是雷诺兹所画，是根据全身像所做的复制品，但是只绘了头部，据说是多塞特郡公爵赠送给布莱克家族的礼物；第三张据说也是雷诺兹所画并赠送给老布莱克的，后来屡经展览和拍卖，1935 年 7 月由 "Captain Blake's Chinese boy" 的作者购得。⑰ 这篇文章的作者杰拉尔丁·莫兹利 (Geraldine Mozley)，一开始便交代说老布莱克是她的高祖父 (great great-grandfather)。她这篇文章对黄东的描述，可说是与上引导览小册的相互呼应：

约翰·布莱克在其中一次返英时，带来一个中国男孩，引起了才华横溢、出身高贵的约翰·萨克维尔的兴趣。萨克维尔是多塞特郡第三任公爵。公爵把这个男孩带到他在诺尔的宫室作僮仆，并让他在七橡文法学校读书；又让乔舒亚·雷诺兹爵士为这个小男孩作画。这幅著名的"中国男孩"绘画，是萨克维尔家族在诺尔宫室的珍藏之一。画上的这个男孩，显得庄重高贵，却又满怀心事，他的思绪仿佛已从诺尔这片可爱之地，神游到他在远东的家乡。他手持一扇，交腿坐在一张竹椅上，他那双红色的鞋子方形的鞋尖，与他深红色和蓝色交错的袍子相映成趣。⑧

莫兹利以为黄东是布莱克带到英国的，我也因此曾经以为是这样。莫兹利与她高祖父的年代相隔两百多年，她大抵也没有什么文献可以追寻，但她对黄东这张画像，明显是有感觉的。任何看过现藏于诺尔宫室的这张黄东画像的人，相信都会十分同意莫兹利和罗伯特·萨克维尔的描述——尤其是他们提到的黄东那"若有所思""满怀心事"的神情——也许，这正是雷诺兹这张画作的成功之处。莫兹利接着还说：

> 这个男孩和他那顶圆锥形的帽子，在托马斯·盖恩斯巴勒（Thomas Gainsborough）为詹内塔·巴切利（Giannetta Baccelli）所作的全身肖像画的铅笔草稿上再次出现。巴切利是一名意大利舞者，在英国停留时得到公爵的庇荫。该画稿藏在诺尔，最终完成的画作（男孩并没有在该作品上出现）则为斯温顿子爵夫人（Viscountess Swinton）拥有。在诺尔，主仆二人的画像共处一室——盖恩斯巴勒绘制的公爵肖像细腻精致，挂在舞厅里；男孩 Hwang-a-Tung 的肖像，则挂在雷诺兹厅内。⑭

巴切利据称是多塞特郡第三任公爵的情妇。她这张全身肖像屡经转卖，现藏伦敦泰特现代艺术馆（Tate Gallery），网上随时可以浏览，上述铅笔草稿则一时未见。莫兹利自己是否见过这张画稿，也不得而知，在她的文章出版前的十多年，萨克维尔家族的后人维多利亚·萨克维尔-韦斯特（Victoria Sackville-West）出版了《诺尔宫室与萨克维尔家族》（*Knole and the Sackvilles*）一书，其中提到巴切利这张画像的背景有"那个中国小男孩"，还想象当时巴切利多半是由那个"中国小男孩"侍奉，为她拿扇、手套和阳伞。㊿维多利亚·萨克维尔-韦斯特是 20 世纪初的作家，与著名英国作家伍尔芙（Virginia Wolf）是密友㊶，《诺尔宫室与萨克维尔家庭》并非一部严谨的家族史著作，而据泰特现代艺术馆的记录，巴切利的全身肖像在 1890 年已卖与私人，从此离开诺尔宫室，维多利亚·萨克维尔-韦斯特也不一定能够亲眼看到这张油画及其铅笔稿，我们因而也无法得知黄东是否曾作为巴切利的"背景"入画。

我们不知道黄东具体何时和怎样被带到诺尔宫室，成为约翰·萨克维尔的僮仆。七橡文法学校的确就在诺尔宫室旁边，走出庄园，徒步约十来分钟可至。该校近年也以黄东很可能是该校"第一个国际学生"作标榜，在官方网页大字标题说黄东是 1780 年级的学生（Class of 1780），但相关文章及其所引用的研究都没能证明为何有此一说。[⑳]我曾致函询问有关情况，校方表示该校其实并无黄东入学或就读的档案记录。

至于黄东在诺尔宫室的情况，也一时没有更多资料可兹详述，而只能靠上引各种萨克维尔家族后人的著作，以及我自己亲访诺尔宫室的体验，来想象黄东——一个 20 岁上下的中国青年——18 世纪时在英国一个公爵之家生活的情景。

"18 世纪"是饶有意义的——不论对我们要讨论的历史还是对诺尔宫室而言。今天我们看到的诺尔宫室的格局，是 18 世纪中定下的基调，并且与当时皇室和贵族家庭依靠其在宫廷担当的职位有利于攫取和巩固私产息息相关。诺尔宫室所在的产业的历史，最早可追溯到 13

世纪末；辗转至 15 世纪，仍属当地大主教（Canterbury Archbishop）所有，1539 年被国王亨利八世（Henry VIII）据为己有，产权屡经转换；1570 年为托马斯·萨克维尔（Thomas Sackville，1536—1608，1st Earl of Dorset）租用，1574 年又被转租，辗转至 1605 年，托马斯·萨克维尔鉴于其财政大臣（Lord Treasurer）的身份不能直接染指诺尔宫室的产权，乃通过第三方一买一卖，最终购得诺尔宫室的永久业权（freehold ownership），诺尔宫室也从此为萨克维尔家族拥有。[⑤]托马斯·萨克维尔将这处中世纪的大主教房产改建成一个文艺复兴格调的宅第；至 17 世纪末，其太曾孙即查尔斯·萨克维尔（Charles Sackville，6th Earl of Dorset）凭借其宫务大臣（Lord Chamberlain）的身份，购置了一批别具一格的斯图亚特王朝（Stuart，1603—1714 年统治英格兰和爱尔兰的王朝）时期的家具；再到 18 世纪末，查尔斯·萨克维尔的曾孙——也就是约翰·萨克维尔——在意大利游历期间，为宫室购置了一批"老大师"（Old Masters）的画作，又向当时英国著名的画家特别是雷诺兹和盖恩斯巴勒订购作品。由于自17世纪末始，萨克维尔的家族成员只是断断续续地居住在诺尔宫室，室内的家具经常都是尘封不动的，也就是说，诺尔宫室更像展示厅而非居所，它的格调和气氛，基本上凝固了在18世纪中后期——黄东作客英伦的年代。

我们很难知道黄东被带到诺尔宫室时，有没有被其偌大的庄园以及复杂的厅堂、房间和走廊布局弄得头晕目眩；我们也没有更多材料去了解，当他在诺尔宫室首次看见他在广州的商馆区也必定见过的中国制造的欧式瓷器时，会有什么想法。我们必须注意到，好些有关他当时在诺尔宫室的身份和角色的描述，其实是20世纪基于对"东方主义"的批判而做出的想象。维多利亚·萨克维尔-韦斯特在《诺尔宫室与萨克维尔家族》的第八章"18世纪末的诺尔：约翰·萨克维尔，第三任多塞特郡公爵"（"Knole at the End of the Eighteenth Century: John Frederick Sackville 3rd Duke of Dorset")中，详细地记载了约翰·萨克维尔的事迹和悬挂在诺尔宫室里的多幅绘画。谈到这位公爵所拥有的 18 世纪不可或缺的"附属品"时，作者所列举的除了"钻石、围巾别针、意大利情妇"外，就是"他的中国僮仆"。她还说：

> 当时，拥有一个中国僮仆，比拥有一个黑人僮仆更显新颖，毕竟，人人都有一个黑人僮仆。德文郡的公爵夫人写信给她的母亲说："亲爱的妈妈，乔治·汉格给我送来一个黑童，11 岁大，人很老实。不过，公爵不喜欢我有一个黑童，我也不能忍受这可怜的家伙遭颐指气使。如果你喜欢用他来取代迈克尔的话，我可以把他送给你。他会是一个很廉价的仆人，你可以把他转化为教徒，让他变成一个好孩子。如果你不喜欢的话，据说，罗金厄姆夫人想要一个。"

似乎，一个"中国小男孩"在当时的英国上流社会中，和非洲儿童一样，是一件充满异国风情的玩意儿。黄东大抵就是在这样的情境中进入萨克维尔家的。维多利亚·萨克维尔-韦斯特接着上面的话说：

　　自安妮·克利福德夫人的年代开始，诺尔宫室就有一个黑人僮仆了。不论他的真实姓名是什么，人人只管叫他约翰·摩洛哥。在一次打斗中，约翰·摩洛哥被管家杀了。从此，他便被一个中国人取代。这个我已经提过的中国男孩，真名是 Hwang-a-Tung，但英国仆人为求方便，称呼他为 Warnoton，就好像他们（把意大利舞蹈家 Giannetta Baccelli[詹内塔·巴切丽]）称呼为 Baccelli Madam Shelley(谢利夫人巴切丽)一样。这个中国男孩来到诺尔的时候，幸运得很，不但得到乔舒亚爵士为他作画，公爵更花钱让他在七橡文法学校读书。㊹

不论黄东是否当僮仆，是否真的在七橡文法学校读过书，他在英国的贵族之家身份既卑微又特殊，他的"东方元素"使他有机会成为英国当时最著名的肖像画家乔舒亚·雷诺兹爵士的模特。与此同时，在这段留英长达六七年的日子里，"黄东"这个名字，在英国上流社会和知识界已颇为闻名，不知他自己有否意识到，他已经是当地十分少有的一个中英两国语言和文化知识兼备的"中国通"。

四、久居英伦"中国通"

的确，黄东在英国期间的身份或作用，远远超过一个"事仔"或"僮仆"。在 18 世纪没有什么懂英语的中国人可以咨询的情况下，他成了英国上流社会或文人雅士圈子里的"中国通"，跟当时好些赫赫有名的英国人打过交道。

仅 1775 年一年，黄东便接触了好些英国上流社会对中国事务感兴趣的人士。当年 1 月 12 日，黄东在老布莱克的陪同下到访皇家学会，并在学会日志（journal）上留下他们的名字。当天的日志（图11）是这样记录的：

1775 年 1 月 12 日

在学会的会议上

主席出席

在座访客有以下各人

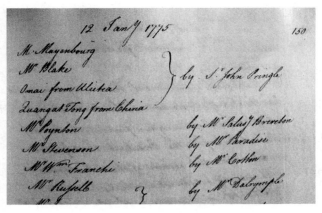

图11 黄东1775年1月12日造访皇家学会的记录

图片来源：*Journal Book of the Royal Society*，Volume **XXVIII**，From Feb 17th 1774 to Feb 13th 1777，The Presidents Copy, p. 150，英国皇家学会图书馆藏。ⓒ The Royal Society

此日志是一誊抄本，其记载的"Quang at Tong"一名，并非当事人自己的签名，登记者明显是将"Whang"听成"Quang"，因此写法和"Whang at Tong"有出入。据此页日志，与黄东一起获当时学会主席约翰·普林格尔爵士（Sir John Pringle，1707—1782）接见的，除了Mr. Blake即老布莱克船长，还有M. Mayonbourg（M. 马永堡）和Omai（奥迈）。从这两页所见，绝大部分访客都没有记录来处，只有Omai和Quang at Tong，分别记了"from Ulitea"（来自Ulitea，疑即现在拼作Raiatea的太平洋岛屿，也有可能是Otaheite［今作Tahiti，即塔希提］）和"from China"（来自中国）。⑤这位被英国人称为Omai的访客，据说原名念"Ma'i"，来自塔希提。在库克船长（Captain Cook）第二次出航太平洋群岛时，Omai登上其随行舰船"冒险号"（*Adventure*），于1774年7月14日抵达英国朴次茅斯（Portsmouth），在英国住了两年左右，于1776年随库克船长舰队返回故地。Omai在逗留英国期间，处境与黄东不无相似之处。他也是在班克斯和索兰德的引介下，"进入"社会（"entered"society），活跃于英国的上流社会，跟贵族成员甚至国王、女王会面，是班克斯在皇家学会晚宴的座上客。他的形象也获雷诺兹青睐，在1775年左右穿上一身既似印度又像中东的长袍与头巾，成为雷诺兹笔下的画中人。Omai当时在英国的事迹与形象，也与18世纪英国浪漫主义（romanticism）思潮对"贵族的野蛮人"（noble savage）——回归原始社会的质朴纯净——这个理想形象的追求相呼应。[55]

在皇家学会日志上，指代访客的用词是"Strangers"，意即"外来者""外人""陌生人"。事实上，对英国人来说，Omai和黄东真正是来自远方的"陌生人"。皇家学会能在同一天接待两个来自远方的访客，可能也不太常见，当晚包括班克斯在内的几位学会成员，便在位于伦敦舰队街（Fleet Street）的一家酒馆（Mitre Tavern）宴请了黄东和

Omai，餐单包括鱼、小牛肉、烧牛肉（冷盘）、火鸡、鸭、冻家禽肉、酒、柠檬饮、波特啤酒，甜品是苹果派和炖梨。^⑰已经跟英国人生活过一段时间的黄东，对这样的餐单应该不会感到陌生。

由于 Omai 和黄东在英国人心目中都属远方来客，二人经常被类比，更有人说黄东是"中国的 Omai"，尽管似乎没有"塔希提（或太平洋群岛）的黄东"这样的说法。其实，黄东和 Omai 当然有许多"不可比"之处。就从雷诺兹所画的肖像画来看，Omai 是"被穿上"一身与他的文化完全无关的衣服，而黄东则穿上貌似他祖国的服饰——当然也可能是被穿上的，因为这套衣服尤其是那顶缀以红纬镶嵌红石的冠帽与他的身份并不相符，而鞋履和裤子是否中国的也堪疑问。Omai 来自一个无文字的岛屿社会，黄东则来自一个有文字的官僚体制庞大的帝国，他自己也具备读写能力。也由于这种文化背景和能力，黄东留下了 Omai 无法留下的属于"自己"的痕迹。

在拜访皇家学会前后，黄东似乎在伦敦与收藏家理查德·高夫（Richard Gough）会过面。高夫在 1775 年 2 月 13 日发出的信函中，说他"上周曾与 Whang-at-Tong 先生有过一次十分愉快的会谈"，"他十分聪慧，在掌握我们的语言和数字方面进步神速，书法尤其优秀，是一个非常健谈、有礼与和善的人"。⑧ 未几，在一封写于 1775 年 2 月 18 日信函中，又有一个人说"他最近见过时在伦敦的 Whang-At-Ting"，"是一个 22 岁左右的青年"，并谓：

他［1774 年］8 月到达此间，已能够勉强读出和理解我们的语言，但他的书法十分优秀。使用洛克先生（Mr. Locke）向他推荐的帖子，他轻易便学会了。这种帖子的字体用红色墨水印制，学习者用黑色墨水在上面摹描。他对知识十分渴求，人们跟他说的话，他似乎了然在心，他要更进一步，应该也问题不大。我会见 Whang 时，他所在的房子的主人拥有很多中国的物品，其中有一张裸体男子的绘图或印刷品，有点像我们旧式历书里的插图，图中的男子身上各个部位绘有很多直线，Whang 被问及当中的含义，他说这是给初入行的医生使用的，让他们知道应该在哪里下针，以便消除在另一些部位发生的病症。中国医师认为这种灸疗法很有成效，也经常运用。Whang 给我们展示了他大拇指第一节侧面的一个疤痕，说那是曾经灸过的位置，用来治疗头痛。㊿

这封信函多年后刊载在 1792 年爱丁堡出版的《蜜蜂》(*The Bee*，又称 *Literary Weekly Intelligencer*[《每周文学情报》])杂志上，文章和信函作者并非同一人，皆无姓名。但信件的内容与 1775 年另一条有关黄东的记录十分相似，后者出现在由皇家医学会(Royal Medical Society)的安德鲁·邓肯(Andrew Duncan)主持的医学杂志

《医学与哲学评论》(*Medical and Philosophical Commentaries*)
上。内容如下：

> 黄遏东（原文写作 Whan At Tong），一个中国
> 人，目前在伦敦，刚巧在当地某绅士的家里。该位
> 绅士拥有许多中国物品，其中有一张男裸体像，不
> 同部位都画有直线。我们问黄遏东这是什么意思。
> 他回答说，这些图像是用来教育年轻的医学生针灸
> 的部位，以便使相应的其他身体部位的问题得到解
> 决。中国的医师对这种热灸的效果深信不疑，经常
> 求助于此道。他同时给我们展示他拇指第一节的一
> 个疤痕，说是为了治头痛而做的针灸留下的痕迹。㊿

由此可见，安德鲁·邓肯应该就是上引信函的作
者，他曾于1768年作为随船医师到达中国，也有可能在
那时候便认识少时的黄东。

也是在 1775 年，黄东又见了一位名为"德莱尼太太"（Mrs. Delany）的女士。德莱尼太太在 1775 年 6 月 11 日寄给友人的信中写道：

> 上周五我家来了一个十分特别的客人，黄亚东（Whang at Tong）先生：他是这样写自己的名字的——你知道中国人写字是由上至下的。他是由一个叫布莱克的船长带来的，布莱克船长对他庇护有加，还为他提供所需的知识。他是一个少年。我相信我在较早前已经向你描述过他和他的衣着。⑪

似乎，黄遏东在向德莱尼太太自我介绍时，自称"黄亚东"，并且很有可能写下了自己的中文名字，德莱尼太太将之抄进这封信里，由于不谙中文，将几个中文字倒过来写，当这几个中文字连同原信经打字和用插图的方式收入 1862 年出版的德莱尼太太的自传和书信集时，

to Welsbourne, as it is uncertain, and as I wish my brother may *not know it.*

Last Friday we had an extraordinary visitor here ; Mr. *Whang at Tong*; thus he writes his name :—

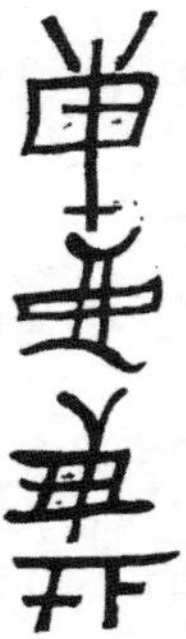

You know the Chinese write perpendicularly. He came with a Capt. Blake, who has taken him under his protection, and has had him instructed in necessary knowledge. He is a young man ; I believe I gave you an account of him and his dress some time ago. Lady Andover is at Lord Suffolk's at Sunbury, about 16 miles off, near Hampton Court ; in a melancholy way, with her poor little g. daughter, who is past all hopes of recovery. We go to-morrow, please God, to see her ; I shall have no time to add to this letter, and think it long eno'. My best compliments to all ; so says her Grace.

图 12　书影撷取自：Lady Llanover ed. , *The Autobiography and Correspondence of Mary Granville*, *Mrs. Delany*: *with interesting reminiscences of King George the Third and Queen Charlotte* , Vol. II, London, Richard Bentley, New Burlington Street, 1862, p. 134.

就成了图 12 的样子。据莫兹利研究，1878 年，英国国家肖像画廊（National Portrait Gallery）首任馆长乔治·沙尔夫爵士（Sir George Scharf）把德莱尼太太的这些字迹送给大英博物馆的伯奇博士（Dr S. Birch）看，后者说德莱尼太太天真地把那几个中国字倒过来写了。伯奇博士相信这几个字是 Hwang（意思是"黄色"）e tung，并说他自己则会念成"Hwang ya Tung"。⑫

作为 18 世纪英国社会知书识字的女性，德莱尼太太（Mary Delany，1700—1788）以热爱艺术、推动女子教育、写作大量书信而著称。要知道，当时所谓"写作大量书信"，等同于密集的知识和社会交流，德莱尼太太并非出身显赫之家，但因为某些亲属关系，她得以接受一定的教育，早年的"职业规划"是到宫廷里给女王当侍婢。不过，因为种种理由，她最终没有进宫，而是经历了两段婚姻，两次成为寡妇。这样的"婚姻状况"反而让她比未婚女性更方便出入社交场合，无须在男性的阴影下行动，而是较独立自主地发展自己的兴趣。

跟许多同时期的英国女性一样，德莱尼太太热爱园艺和针黹，尤擅用各色纸片和上色的工艺，严格按照植物的各种细部，粘贴出半立体的花卉拼图，时称"decoupage"（拼贴工艺）。她做的这批数以百计的花卉拼图作品，不论颜色、形态还是其他细节，都俨如一幅幅严格按照解剖呈现的细部而绘制的植物画，通过拼合纸片达致半立体效果，加上着色逼真活泼，比起平面的植物绘图，艺术效果更是有过之而无不及。她的针黹作品也加入了许多栩栩如生的花卉和蝴蝶图案。为了制作这些作品，"她会把花卉分拆成片，从解剖学角度考究其叶、茎、蕾的结构，将纸片按不同部分的形状剪裁，再通过把一块一块的纸片互相叠合，将各部分重组，构成一既丰富又统一的画面"。时人如英国业余艺术家、圣公会牧师威廉·吉尔平（William Gilpin，1724—1804）认为她的作品"既表现了绘画之美，也呈现出植物学的精准"。班克斯爵士也说过，她的作品"准确地呈现了某些外来的和本地花卉的特有品种"。⑧

德莱尼太太跟黄东会面时，年约 75 岁，正是最热衷于制作这种花卉艺术品的时候。应该也是因为这个理由，老布莱克跟德莱尼太太认识，并把黄东带到她寓居的伯斯德（Bulstrode）庄园。伯斯德庄园位于英格兰东南部白金汉郡（Buckinghashire），是德莱尼太太的密友玛格丽特·本特克（Margaret Bentink，1715—1785），即波特兰公爵夫人（Dowager Duchess of Portland）的居所。波特兰公爵夫人与德莱尼太太一样，热衷园艺与博物学，与班克斯爵士和大英博物馆的丹尼尔·索兰德认识，伯斯德庄园是她的博物和古董收藏之所，庄园里栽满各种奇花异草，部分花种即来自班克斯爵士和索兰德，这都成为德莱尼夫人的作品的源泉。⑨

有记录显示，也是在 1775 年，黄东曾为波特兰公爵夫人检视了一批明清的瓷器。这次活动的记录，保留了在班克斯夫人（Lady Banks，1758—1828）的一本剪贴册中。这本现藏于英国肯特历史与图书馆中心的"班克斯夫人牛场册"（"Lady Banks's Dairy Book［1807］"），另有一抄本藏于大英博物馆。⑥据有关研究，这本"班克斯夫人牛场册"，长约120页，明显是一叠随时可增删的手稿。研究者认为，本子包含了数人的手迹，其性质"难以定义"，"介乎礼品、剪贴本、指引、纪念品和散文本"之间。本子共分五章和十个附录，内容主要集中讨论东方陶瓷。首页写有"Collections of the Subject of Old China and Japan Wares with some Remarks on these Interesting Manufactures made in Lady Banks's Dairy at Spring Grove 1807"（有关班克斯夫人藏于春丛牛场的中国和日本古瓷的有趣的制作的一些备注，1807年）等字样，可理解为本子的"标题"，在这同一页的下方还贴有一幅该牛场中班克斯夫人特别珍爱的一头奶牛的绘图，显示了这个藏珍之所，实际上是个牛场（dairy）。

班克斯夫人热爱中国"古瓷"，通过班克斯的社交网络，包括从时驻广州的东印度公司的搜购，她得以收集为数可观的中国"古瓷"和其他瓷器，在他们位于伦敦附近的赫斯顿的春丛牛场（Spring Grove villa，Heston），专门辟室放置。本子接下来还有一段看来是班克斯的留言——"献词：谨将此篇小文奉献与班克斯夫人，以示夫君对此段廿七载之婚盟深情未减。此篇小文，乃完全基于夫人对其中国古瓷藏品的精准辨识，以及在春丛牛场整理和陈列藏品时所显示的非凡品味而写成的"⑤。言辞间不无班克斯为博其妻子欢心之意。

在这个本子里，与黄东有关的共有三页文字，用非常清晰的英文草书抄写于附录之中，笔迹与前后不同。（图13）这三页附录的标题是"Observations made in the Year 1775 on the Duchess of Portlands Collection of Old China by Whang at Tong, a Chinese"（黄遏东，一名中国人，1775年检视波特兰公爵夫人古瓷藏品的意见）。

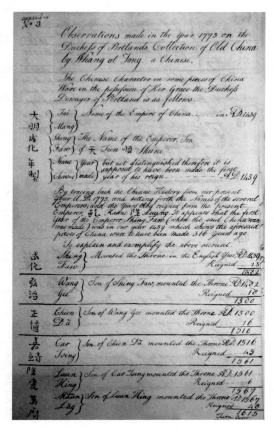

图 13　肯特历史与图书馆中心藏 "Lady Banks's Dairy Book
(1807)"ⓒ Kent County Council

根据这份记录，黄东当时所做的，是辨识波特兰公爵夫人收藏的一批明清瓷器的款识，他应该是用粤语念出这些汉字的读音，用拉丁字母记录下来，再解释其中的含义。例如，在"大明成化年制"这六个从上而下的手写汉字旁，是这样标记其拼音和释义的：

大	Tai	Name of the Empire of China…in A. D. 1459	
明	Mang		
成	Shing	The Name of the Emperor，Son	
化	Faw	of 天 Tien 顺 Shune	
年	Neane	Year Made	but not distinguished therefore it is supposed to have been made the first year of his reign…A. D. 1459
制	Chaw＝e		

黄东是在 1775 年为波特兰公爵夫人察看这批瓷器的款识的，而这三页附录乃是置于纪年为 1807 年的"班克斯夫人牛场册"中的。我们或可推测，这几页文字是1775—1807 年班克斯夫人让人从波特兰公爵夫人处借来抄记的，这些看来写得有点笨拙的汉字，显然不是出自黄东本人。⑰对比大英博物馆藏抄本同样内容的一页，我

们会发现，两个抄本虽然英文手迹不同，但汉字的笔迹却几乎一样。

这些汉字到底是谁的手迹？大英博物馆的藏本虽是抄本，内容也比肯特藏本少，但正由于其构成不同，却给我们提供了一些线索，去解答这个问题。在肯特历史与图书馆中心的抄本中，各种内容大体是用质地和大小相若的纸张抄写并装订在一起的，而大英博物馆的抄本，则是将一批质地和大小相若但又偶然夹有其他纸张的散页，分别夹在两张较大较厚的纸张中，其中第二叠又分成六份，有五份以色纸夹住，然后全部夹进一个厚皮封面，书脊处标以"RECUEIL D'ARMORIE EX-LIBRIS TOM. H. LADY BANKS COLLECTION OF CHINA"（班克斯夫人珍藏瓷器）等字样。两张厚纸均写有"Dairy，Nov. 29，1845，JB"等字样，班克斯和班克斯夫人分别在1820年和1828年去世，"JB"在这里虽然应该是指"Joseph Banks"即班克斯，但这张纸肯定是后来整理的人加上去的。这个抄本中，也有一些后来的人包括班克斯的姊妹补充的一些笔记。

在大英博物馆抄本中，上述与黄东有关的"Observations made in the Year 1775 on the Duchess of Portlands Collection of Old China by Whang at Tong，a Chinese"的三页，写在一张带有"C. Taylor 1805"水印的欧洲纸上，与其他散页夹在一张有大理石纹理的色纸里。这三页纸又抄录了四份，全部以"The Chinese Character on some pieces of China Ware in the Possession of Her Grace the Duchess Dowager of Portland is as follows"（波特兰公爵夫人所藏部分中国瓷器的中文字如下）为标题，但没有出现黄东的名字。第一份与另一些散页夹在一张彩色纹理的花纸中；第二份与其他散页夹在一张黄色的纸里；第三份以小纸抄录，置于第二份左侧，但在顶部注有"This was wrote with a Chinese Pen & Indian Ink in the Chinese manner"（这是以中国人写字的方式，用中国笔和墨水书写的），此处"Indian Ink"不一定指印度制造的墨水；第四份紧跟在第二份的后面，是一张较大的纸，用红线打了些方格，似乎是要模仿中国的习字本，也抄录了同样的内容。在这张大纸里，又夹有一小纸条，写有"Wrote by Mr. Raper 1808"（雷珀先生写于 1808 年）的字样。由此可见，这些汉字很可能是这位先生书写的，而且他还强调他是用中国毛笔和墨水以中国的方式书写的。

有趣的是，这批明清年号与"英国纪年"（原文作"English Year"，权且等同于公元纪年）的换算，据今天我们的知识，全部都是错误的：

年号	"剪贴册"上的"英国纪年"	按格里历计算即今天通用的公元纪年
成化	1459—1482	1465—1487
弘治	1482—1500	1488—1505
正德	1500—1516	1506—1521
嘉靖	1516—1561	1522—1566
隆庆	1561—1567	1567—1572
万历	1567—1615	1573—1620
泰昌	1615—1616	1620

年号	"剪贴册"上的"英国纪年"	按格里历计算即 今天通用的公元纪年
天启	1616—1623	1621—1627
崇祯	1623—1640	1628—1644
顺治	1640—1658	1644—1661
康熙	1658—1720	1662—1722
雍正	1720—1733	1723—1735
乾隆	1733—1775 （黄东检视该批瓷器当年）	1736—

　　我们不知道这些换算是否为黄东所做，也不知道他是如何得知或算出的，但我们绝不能因为它们"错误"而认定黄东毕竟是个"事仔"，教育水平有限，在外国传播了"错误"的中国文化知识。我们都知道，中西历的换算，是一项相当复杂烦琐的工程，从 19 世纪下半叶到 20 世纪 40 年代，历经中西学者筚路蓝缕的努力，才陆续出现了《中西历日合璧》（黄伯禄编，1885）、《二十史朔闰表》（陈垣编，1926）、《两千年中西历对照表》（薛仲三、欧阳颐编，1940）等成果。⑧试问在黄东的年代，有

多少人会知道历朝皇帝的年号和统治年期？更遑论要换算成西历！又是否有英国人告诉黄东，英国在 1752 年从儒略历（Julian calendar）改用早在 1582 年便颁布的格里历（Gregorian calendar）？我们只知道，这几页纸的内容，在大英图书馆的藏本竟有五个抄本之多。我们也只能凭此估计，由于中国皇帝年号和纪年对这些英国贵族们辨识他们的中国瓷器藏品和断定生产年代是非常重要的根据，当时在英国根本没有参考书可查，能碰到像黄东这样的中国人当面询问，时人肯定感到非常难得，非要他给出个答案来不可。

的确，班克斯夫人在她这个牛场中藏有不少中国瓷器，并且效法贵族社会男士们的收藏分类研究之风，也力图建立她自己的中国陶瓷知识体系。从这本 Dairy Book 可见，她把她的中国陶瓷藏品归为四类，第一类是"古代或古董"（ancient or antique），第二类是"老瓷"（old china），第三类为"新款"（young），第四类为"杂种"（illegitimate or bastard china），也就是当时在广州工场生产的"那些中国人以为能够迎合欧洲人品味"的陶瓷。在本子里，有记载谓："不错，现在广州也生产瓷器了，但质量低劣，售价低廉。目前，这类瓷器在此间颇为流行，公开拍卖的价格是原价的 40 倍以上，买家如果以为这类瓷器是老瓷的话，一定是对老瓷里里外外的特性都一窍不通。"班克斯夫人拥有的这种我们后来称为"外销瓷"的数量不多，只保存少数作为对比的样本用。很明显，班克斯夫人是要把自己的品位与一般藏家有所区隔。[8]

班克斯夫人对中国古瓷的追捧也反映在班克斯 1803 年给东印度公司总货监戴维·兰斯(David Lance)的一封信函中。在信里，班克斯称她为"小古瓷狂"(a little old-china mad)，并且代她转达了一系列的问题，希望兰斯在中国时能够帮她找出答案。这些问题或多或少反映了当时欧洲人对中国瓷器的认识。班克斯说：

　　承班克斯夫人所托，我随此函给你附上一信。她是一个"小古瓷狂"，但她希望尽量把她的疯狂和理性合一。她在英国对中国古瓷早有所闻，但她不相信有哪些是早于伊丽莎白女王（即 Elizabeth I，1558—1603 年在位——引者按）时代的，而且真正古老的其实没有多少。

她认为，所有以银盘为模型烧制的盘子，也就是大部分的［所谓古瓷］，其实是很现代（原文作"modern"——引者按）的东西，是英国与中国直接进行贸易之后的制品。以我所知，伦敦第一艘直接驶往中国的商船是在 1680 年起行的。（班克斯的意思是，当时所谓"古瓷"最早不过就是 1680 年前后的制品——引者按）

她相信，中国人在日常生活中根本不知道有［西式的］茶壶和茶具这回事，她肯定咖啡壶就是如此。不过，她又认为，中国人在平日用餐时，用的是与茶杯大小差不多的小杯，在饮用烈酒时，则用茶杯或咖啡杯。

她希望取得一些有关烧制瓷器的资料。据说，瓷器是在内地生产并上蓝色，在广州邻近地区才上红色和进行第二次烧制的。

在这里称为"绿珐琅"的另一种在欧洲备受追捧的瓷器，也是她非常想进一步了解的。这种瓷器目前在古瓷藏品中也十分常见，但在18世纪初的制品中却没有见到，例如，在卡罗琳王后（即 Queen Caroline，1683—1737 年在位——引者按）设于温莎堡的饰柜中的瓷器，十之八九都是青花或白瓷。班克斯夫人知道，就质料而言，在各种中国瓷器中，南京的青花是档次最高的。

她希望得到一些关于那些烧上多种颜色的瓷器上不同程度的瑕疵的资料，因为她认为，这些瓷器上色陈套，素坯也相当粗糙。[70]

由此可以想象，这些英国藏家看到中国瓷器的款识时，一定很想知道有关年号为公元纪年的何年。上述黄东提供的这个"错误的"年表，因而被抄写几份，存档或流通。此外，附注在这些年号间的，还有一些对该皇帝事迹的述评，很可能也是黄东口头提供的。其中谈到康熙时，有这样的一段话：

> 这位皇帝学问渊博。在他出版的群书当中，有一本以他命名的新字典，排印准确整齐，迄今为止是最好的。牛津圣约翰学院藏有这部字典的所有册数，黄遏东先生于1775年6月与布莱克先生一起在牛津时，把这部字典的册数排列妥当。

查牛津大学图书馆藏书，圣约翰学院现藏的《康熙字典》共十二集三十六卷补遗一卷备考一卷，线装四十册，可能当时册的顺序放置有误，黄东帮忙按卷号依次排列。如此简单的工作，也需要布莱克带黄东去牛津时顺便处理好，这再一次证明黄东几乎是当时英国对中国事物感兴趣的人在英国极少数甚至唯一能够接触到的中英文颇佳的中国人。上述德莱尼太太在1775年6月11日(周日)寄给友人的信中提到，她是上周五即 6 月 9 日与黄东会面的，未知是否与布莱克 6 月带他去牛津有关，而他去检视波特兰公爵夫人的瓷器时，则是在与布莱克去牛津之后，德莱尼太太与波特兰公爵夫人是密友，三事在时间上也可能有关联。

波特兰公爵夫人的儿子威廉·亨利·卡文迪许-本廷克（William Henry Canvendish-Bentinck）继任为第三任波特兰公爵（3rd Duke of Portland，1738—1809），也热衷于收藏大理石与玻璃艺术品，与著名陶瓷商乔舒亚·韦奇伍德（Josiah Wedgwood）熟稔。韦奇伍德在他的札记（Commonplace Book）中记录说黄东给他提供有关中国陶瓷上釉的知识时，是在"在伦敦布莱克先生处"，这很可能也是在同一年发生的。①

不过，上述那几张明确写有"Whang at Tong"的"中西纪年对照表"，尽管附在"班克斯夫人牛场册（1807）"中，但班克斯似乎并没有因此对他曾经见过的黄东特别有印象。在 1807 年致乔治·托马斯·斯当东（George Thomas Staunton）的信函里，班克斯说：

在把这批刚收到的瓷器加进班克斯夫人藏品前不久，我们在已去世的波特兰公爵夫人的瓷器收藏处找到一张旧纸，是1770年曾在这里待过的"che-Que"写的，从那张纸我们得知，瓷器凡是标有六个中文字的，这些字的含义就是该件瓷器制造的朝代以及当时的皇帝年号，我知道这一点你一定熟悉不过。应用这个原则，我们发现你给我们送来的潘启官（Pan-Ke-Que）的那件瓷器，是当今嘉庆朝的。[22]

这张让他明白瓷器上"六个中文字"的含义的旧纸，按理就是上文提到的"中西纪年对照表"的其中一张，当中也的确有以"大明成化年制"六个字为例，解释瓷器年款的含义。但正如我在弁言已述及的，黄东当时经常被人与1770年左右在英国逗留过的另一个来自广州的中国人"Chitqua"（又作"Tanchequa""Tan Chet-qua"）混同，可能班克斯也是如此。也许，当时让对中国稍有认识或兴趣的外国人更容易记住的中国人名字，是什么什么"qua"（"呱""官"），至于具体名字是什么，他们大概很难记住；甚至具体是哪个人，也不一定十分重要。

黄东在英国的最后几年，很可能还留下了一张由英国建筑师兼画家乔治·丹斯（George Dance）绘制的肖像（彩图2）。这张用石墨绘画淡抹水彩的侧面肖像，我曾亲自到大英博物馆检视过，未见与画家和画中人有关的文字记录。如果画中人真的是黄东，则此时的黄东，已完全是一副英国人的装束了。乔治·丹斯是伦敦城市规划师和建筑师，也是皇家美术学院的创始成员之一。这类侧面肖像是他业余的作品。从学院的官方网站所见，他绘制的侧面肖像大多为欧洲男性，所穿的外套和蕾丝衬衣都属同一款式，与上述据称是黄东肖像的几乎一样。^⑥在欧洲，绘制这种侧面肖像的传统源远流长，在19世纪摄影术流行之前，也有点现代护照照片的味道。莫非是黄东在回国之前，想给自己留下一个英国人的形象？莫非他知道这张画像留在英国，反而更有可能永远保存？在有更多的证据之前，我的遐想不应再无限放飞，只能点到即止。

五、回到省城的 Whang Tong 先生

黄东到底是何时返回广州的？有证据显示是不迟于1781年。在"布莱克档案"的四册水彩、粉彩博物图画的第一册其中一页，贴有一张小纸条，用墨水笔写有13种共17个样本的植物名称，其中包括进凤荔枝、黑叶荔枝和大造荔枝等，有关绘图也见于这本图册中。在这个清单下面，有人用铅笔加上这样的字句："由黄遏东（Whang at Tong）送出的17个［植物］样本托约翰·布朗（?）（Mr John Brown?）运送，经约翰逊船长（Captain Johnson）驾驶的"格兰比号"（Granby）于1781年运抵。"㉔由此可见——也可以想象——黄东回到广州后，与老布

莱克还有联系。

黄东回国后保持联系的英国人当然还不止老布莱克。东方研究者威廉·琼斯在 1783 年游历印度，翌年在加尔各答成立亚洲学会（Asiatic Society），出版《亚洲研究》（*Asiatick Researches*）杂志，在印度期间，琼斯不忘对中国文化和文字的兴趣，在一篇题为《论中国第二经典》（"On the Second Classical Book of the Chinese"）的文章里，琼斯谓自己有翻译《诗经》之意，并说：

> 惟个人能力有限，所涉知识无穷，即便竭尽所能，恐亦不能翻译全部《诗经》以及中国民法和刑法的删节本，充其量就是购备而已。我多年前在英格兰认识一个广州人，他首次参加科举便高中，但未几为营商谋利所诱。他送我一套《诗三百》的原本，还附带《论语》（此书一个世纪之前在巴黎已出版了一个非常接近原本的版本），但他似乎认为，要三至四年才

能完成翻译。考克斯先生(Mr. Cox)也告诉我,他所认识的中国人里,没有一个具备这样的闲暇和毅力完成这样的任务。不过,他希望,在黄遏东(WHANG ATONG)的帮忙下,能在下一个季度给我寄来一些诗歌的英语翻译。只要给些许鼓励,便能吸引这位中国青年来访印度,可能还会跟上几个同伴。然而,尽管这些外来者的知识和天赋会对大众与文士有所裨益,我们还是需要等到国家的财富和繁荣达到一定的水平,才能向政府的掌舵人正式建议这样的举措。

琼斯发表了这番宏论之后,便附上黄东 1784 年 12 月 10 日从广州给他发出的信函(图 14),全文如下:

一位中国青年给主席的信

爵士:

我从考克斯先生处,收到您在 1784 年 3 月 28

日给我的信函，我还记得曾与布莱克船长和乔舒亚·雷诺兹爵士一起与您聚餐，甚觉愉快。我在英格兰的朋友对我亲善有加，当时刻铭感在心。

谨奉上以下各中文典籍：《诗经》（三百首暨注释）、孔子及其孙辈之作品、《大学》等，祈请笑纳。然若要将之译成英语，恐费时不短，非有三四年不可，我商务缠身，实无暇应付，望能见谅。

若需从广州奉上其他书籍或物品，请不吝告知，当领命遵行。

敬候安康

吾乃

爵士您最顺从谦卑的仆人

黄遏东

此致

威廉·琼斯爵士

1784 年 12 月 10 日[75]

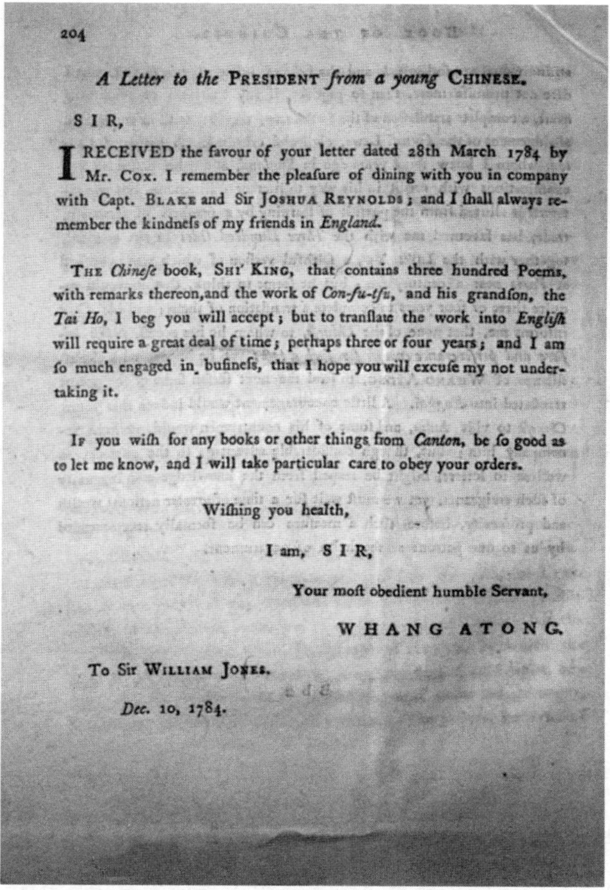

A Letter to the PRESIDENT *from a young* CHINESE.

SIR,

I RECEIVED the favour of your letter dated 28th March 1784 by Mr. Cox. I remember the pleasure of dining with you in company with Capt. BLAKE and Sir JOSHUA REYNOLDS; and I shall always remember the kindness of my friends in *England.*

THE *Chinese* book, SHI' KING, that contains three hundred Poems, with remarks thereon, and the work of *Con-fu-tsu,* and his grandson, the *Tai Ho,* I beg you will accept; but to translate the work into *English* will require a great deal of time; perhaps three or four years; and I am so much engaged in business, that I hope you will excuse my not undertaking it.

IF you wish for any books or other things from *Canton,* be so good as to let me know, and I will take particular care to obey your orders.

Wishing you health,

I am, SIR,

Your most obedient humble Servant,

WHANG ATONG.

To Sir WILLIAM JONES.

Dec. 10, 1784.

图 14　黄东致琼斯信函，刊登于加尔各答出版的 *Asiatick Researches*，1790，Vol. Ⅱ 。

琼斯提到的"考克斯先生"，是以制造自鸣钟卖到中国致富的英国钟表匠詹姆斯·考克斯（James Cox）的儿子约翰·亨利·考克斯（John Henry Cox）。他在1781年到达广州，售卖他父亲制造的自鸣钟，中文水平似乎不怎么样，可能当时曾接触过黄东，乃向琼斯夸下海口。琼斯所说的假以时日向英国政府提议的举措，有点像今天所说的访问学者计划，可谓高瞻远瞩，若能实现，说不定黄东会踏足印度，成就另一段人生传奇，但这种建议在18世纪的英国自然是实现不了的，琼斯翻译《诗经》的宏图，最终也是不了了之。

　　正如琼斯所说，黄东回到广州之后，做起些外贸生意，应是自然不过的事。我在翻阅班克斯信函时，也看到一点黄东回国后与东印度公司驻广州人员交往的痕迹，也就是在这个时候，班克斯以皇家学会主席的身份，吩咐驻广州的东印度公司职员为他收集中国植物和其他博物资料，当中也涉及黄东。因此，我们有必要在这里给班克斯多写几笔。

班克斯是从 1778 年亦即黄东在英国期间开始出任皇家学会主席的，直至 1820 年去世为止。皇家学会成立于 1660 年，是英国历史最悠久、地位最崇高的科学团体。班克斯爵士任职该会主席的时段，也标志着欧洲从 18 世纪"品鉴赏玩"之风到 19 世纪"格物致知"的科学态度的过渡。㉟班克斯生于一个身家丰厚的恒产之家，少年时在牛津大学涉猎了一些自然科学特别是植物学的知识，甚至出资把剑桥大学一位植物学家聘到牛津大学讲课，然后在没有拿到学位的情况下就离开了牛津大学。他对植物学的兴趣促使他主动到各种学会和大英博物馆求教时贤，因而认识了时任大英博物馆书籍管理员（Keeper of Printed Books）的丹尼尔·索兰德。二人在 1768 年一同登上"奋力号"（*Endeavour*），加入库克船长（James Cook）带领的首次探索南太平洋之旅，将他们的植物学兴趣延伸到澳大利亚，当年，班克斯才 25 岁。1772 年，他又率队远赴冰岛，这是他最后一次远征，也可以说是他当时力所能及的进行植物学考察的"最北点"之旅。这是一个大学还没有正规和系统的科学教育，也没有国家拨款和企业基金资助的年代，班克斯完全是靠他个人的身家完成各种探险之旅和研究的。⑦时代和技术的局限，也许让班克斯无法随心所欲地亲赴各地实现他全球植物学研究的志业，但通过书信往来，他对许多地方的情况都有所掌握。

中国，是班克斯心中那张全球植物学地图上一方大得不可忽略却又遥不可及的神秘土壤。班克斯从来没有到过中国，但通过与当时驻广州和澳门的东印度公司的成员通信，他多多少少遥控着英国早期对中国植物的研究，并稍稍参与了一些其他"中国事务"。他委托各种服务于东印度公司的人员，在途经各处包括在广州和澳门等地进行贸易活动时，搜集当地的动植物样本，带回英国研究，或把种子带返英国，移植物种。⑧东印度公司的随行医师（surgeon）约翰·邓肯（John Duncan），就是其中一个较早帮他在各地收集种子、动植物样本，以及植物图样的人。从他给班克斯的诸多信函可知，当时有不少东印度公司的人员，很愿意给班克斯提供这样的服务或方便。1784年1月18日，邓肯从广州致函班克斯，就提到他为班克斯在广州和澳门等地搜集得来的玉兰花、"Nanghee"（估计即"Nankee"，在当时的语境中，大多指来自江南的牡丹花）、玫瑰花，分别置于盒子和瓶子里的鸟和鱼，还有种麻的种子和相关的资料，以及赠送给班克斯夫人的茶叶，将陆续通过各归航的商船运抵英国。邓肯甚至说，他在巴达维亚、马六甲、果阿等地都有关系，班克斯还需要搜集什么，他都可以办到。邓肯在信中，又提到某位姓布雷德肖（Bradshaw）的东印度公司董事会主席（president），曾在广州居住多年，着意搜求各种花鸟虫鱼和神像的绘画，也很想在回到英国后求见班克斯。[29]

　　为什么邓肯这类人会那么热衷地为班克斯效劳？其

中一个原因，应该是班克斯所能发挥的影响力，关系到他个人的前途。在上述这封信函的结尾处，邓肯提到，过去东印度公司聘用医师皆仰赖私人特派员（private commissioner），近年来，这个权力全落在"大班"手中。我不谙个中机制，但从邓肯说的"我的朋友布雷德肖先生会把我的情况对你解释清楚，我绝对相信，如果能够得到你署名支持，我的个案会得到合适的处理"，可以猜想邓肯是想利用班克斯的影响力，为他在东印度公司保住一个医师的位置。如此说来，他在广州和其他各地搜集得来的花鸟虫鱼等物，在某种程度上只是拿回伦敦亲访班克斯时投其所好的见面礼而已。

约翰·邓肯还有一位兄弟叫亚历山大·邓肯（Alexander Duncan），二人的处境几乎一样。[38]他同样是东印度公司的医师，也同样希望在班克斯的支持下，得以保住东印度公司医师这个位置。[39]亚历山大·邓肯甚至竭力学会几个中文字，在给班克斯的信函里添上他在广州和澳门搜集的几种奇花异卉的中文名称，包括"菱角"（他在两个字的左边都加上一个"口"字作偏旁，似乎是受本地俗字的影响）和"猪笼草"，并且详细解释这些植物的特性和生长情况。跟他的兄弟一样，他似乎也很晓得班克斯夫人的口味，随这些花卉托人带上的还有在本地称为"包种"的"小种茶"一盒。亚历山大·邓肯更积极地搜求有关中国植物的著作，他找到的其中一本，据说有30多页的篇幅，但大抵是用中文撰写的关系，他觉得无法应付。他之所以要找这样的书，似乎是用作搜集植物样本的参考，其后，在洋商"Consequa"——丽泉行商人潘崑水官（潘长耀）——的帮忙下，似乎有人帮他在该本书上做了一些记号，以方便采样。㉒

　　班克斯虽身在英国，但他委托不同的人在广州和澳门搜集植物样本，是力图有系统、有计划地进行的。从亚历山大·邓肯给他的信函可知，班克斯备有一本"植物名册"（Plant Book），每种植物都有一个编号，这些散布在世界各地的帮手，很可能手上都有一本这样的植物名册，当搜集到名册所载品种时，会向班克斯报告说他托人带返英国的包括"编号"多少的植物品种。⑧我们也许不应低估备有这本"植物名册"的意义——班克斯在 1764年离开牛津大学时刚开始接触瑞典博物学家林奈创立的生物学分类命名方法，上述大英博物馆书籍管理员丹尼尔·索兰德，就是林奈的门人，也就是他在英国大力推广林奈的分类法。林奈本人和他的门人以及许许多多采用他这个分类法的博物学家，之所以到处搜集植物样本，为的就是要完善这个全球的植物系谱。我未能亲睹班克斯这本"植物名册"，但估计其中采用的命名方式就出自林奈。换句话说，这些较早在中国（具体而言在广州或澳门）根据这本"植物名册"搜集植物样本的人，实际上是将中国的物种与他们所知者加以比照和补充，将中国的植物扯进一个虽源出拉丁语系国度却在可见的未来具有普遍意义的知识体系中。然而，像邓肯兄弟这类东印度公司的随员终究不是植物学家，而以当时的"科研"条件而言，也不可能有什么植物学家到中国。为了进一步推动在中国搜集植物样本的工作，1803年，在以班克斯为首的皇家学会的赞助下，以英国国王派遣的名义，英国皇家植物园园丁（gardener）威廉·克尔（William Kerr，？—1814）随同东印度公司的商船到广州和马尼拉等地，专门负责搜集植物样本，并指导当地花匠绘制一批植物图，送返英国。威廉·克尔总算不负所望，在1804—1806年留驻广州期间，通过东印度公司的职员给班克斯送递了不少中国植物和当地画匠绘制的相关图画。

黄东回到广州后，曾与约翰·邓肯有交往。后者在1787年3月20日从广州致班克斯的信函中，便提到他对黄东的不满：

我拜托黄遏东（Whangatong）先生去设法获得[我们所需的]的器具，以及搜集有关中国人洗麻的方法的资料，但遗憾的是他一次又一次让我失望，恐怕要等到下一个季度才能实现了。[64]

黄东也至少收到过一封班克斯给他的信函，并在1796 年 6 月 18 日从广州发出以下回信：

致约瑟夫·班克斯爵士，从男爵

先生：

归国以来，曾接先生鸿雁，不胜感激，惜当时未能马上回复，今但投尺素，以示来函早已收悉。为表谢意，谨乘布朗先生搭乘"诺森伯兰号"(*Northumberland*)[65]回英之便，托其送达以下各物。乞祈鉴领，望勿见弃：

中国史书一套；

茶叶一盒，共三种；

珠兰茶两盒，装于一箱，上书先生地址；

Nankeen 花两盆，中国人称之为牡丹花，布朗先生将代为照料。

吾今羁旅广州，住行商 Chune Qua 家中，Nankeen 人。若能为先生效劳，当随时候命。谨候先生及先生家人身体安康，万事如意。

您最忠顺的仆人

黄东(Whang Tong)

广州　1796 年 6 月 18 日[86]

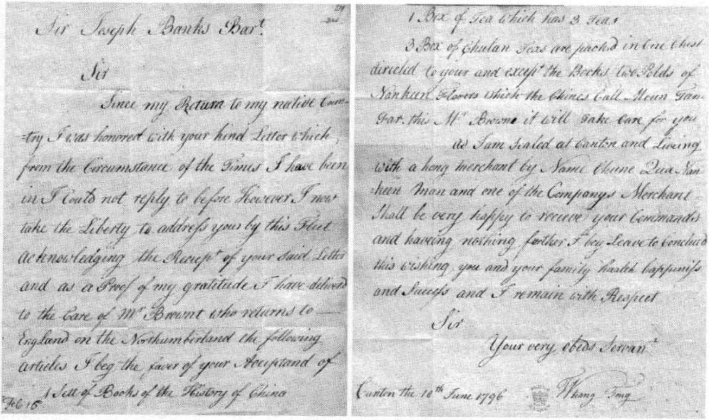

Sir Joseph Banks Bar^t

Sir

Since my Return to my native Coun-
-try I was honored with your kind Letter which,
from the Circumstance of the Times I have been
in I Could not reply to before However I now
take the Liberty to address you by this Fleet
Acknowledging the Receip^t of your Said Letter
and as a Proof of my gratitude I have deliverd
to the Care of Mr Browne who returns to —
England on the Northumberland the following
articles I beg the favor of your Acceptand of
1 Sett of Books of the History of China
1 Box of Tea which has 3 Teas
3 Box of Chulan Teas are packed in One Chest
directed to your and except the Books two Polds of
Nankeen Flowers which the Chines Call Moun Tan
Far. this Mr Browne it will Take Care for you
as I am Sealed at Canton and Living
with a hong merchant by Name Chune Qua Nan-
-keen Man and one of the Companys Merchant
Shall be very happy to receive your Commands
and having nothing farther I beg Leave to Conclude
this wishing you and your family health happiness
and Success and I remain with Respect
Sir
Your very obed^t Servan^t
Canton the 18th June 1796　Whang Tong

图 15　黄东致班克斯信函，1796 年 6 月 18 日

图片来源：*Banks' Correspondence*，collection of the British Library © The British Library Board，Add. MS. 8099. 209.

信中提到的行商 Chune Qua，又写作"Chunqua"，即"章官"刘德章(? —1825)，其充当行商的时间是1794—1825年，与上述发信时间吻合。[⑦]至于"Nankeen"，是当时"南京"的一种拉丁字母拼写方式，指包括江苏、安徽两省的南直隶。在"班克斯函件"中，许多发自中国(主要是广州)的信件都提到来自 Nankeen 或 Nankee 的人(如行商)或物(如牡丹花)。据陈国栋考，Chunqua 祖籍安徽桐城[⑧]；而所谓 Nankeen 花，按字面意义就是来自南直隶的花，实际上很可能是牡丹花。在各种中国观赏花卉中，牡丹花似乎是当时欧洲人最感兴趣的一种。在克尔去广州之前，英国皇家植物园已经栽种了牡丹花，但品种和种植效果似乎未如理想。克尔在广州积极搜求的植物中亦有牡丹花，然而，由于牡丹花并非广东本地的品种，所以他只能通过东印度公司的人员请广州的洋商帮忙。在1804年3月3日从广州发给班克斯的信函中，克尔说：

马丁(Martin)船长领航的伍德福德(Woodford)号上，运载了一批牡丹，它们是 Yenqua 从江南那里得到，再送给东印度公司的总货监德拉蒙德(Drummond)先生的。据称，这批牡丹共有四个品种，分别名为 Tlu mou-tan(意思是褐色，但据我所知是深红色的)、Tai'hong-mou-tan(可能是"大红牡丹"——引者按)、Pai-Mou-tan(应该是"白牡丹"——引者按)、Kong-fun或 Fun-hong-Mou-tan(应该是指"官粉或粉红牡丹"——引者按)。在广州各处，有些牡丹已经开花了，但我至今见过的，跟在皇家植物园栽种的牡丹一样，都是一些恹恹劣品。这一点都不奇怪，人们都认为，这种花从来没有在广州好好养活过，每年在花季之前从北方运来之后，未几就由于酷热的气候而凋死。㊿

事实上，由于种种局限，克尔很难真的到野外搜集植物样本，他大多数的活动，是在行商的花园或者通过中国洋商或买办的帮助到广州近郊的"花地"（又称"花埭"）进行的。明白班克斯爵士的这个背景和喜好，就明白为什么在黄东托人送给他的礼物中，包括"Nankeen花"（牡丹花）两盆了。

还值得说明的是，清廷曾经颁布过"外国来使不得私买违制服色、兵器、史书、一统志、地里图及凡违禁之物，伴送人员亦不得将违禁货物私相贸易，违者俱按律治罪"⑨的禁令。黄东向班克斯馈赠中国史书，要么是他不知道禁令，要么就是明知故犯，但可以肯定的是，他在英国多年，又跟班克斯相处过，已非常熟悉他的喜好，看准了他对一切有关中国的知识都万分渴求的心理。

这封肯定是由黄东发出的信件，也有助于我们估量出现在"布莱克档案"里的部分比较规整的英文书法很可能是黄东手书的。（图 16）上文已提到，黄东在伦敦时，有外国人看到他的英文书法十分秀丽，是通过摹描帖子学得的。我们在这些手稿中也会看到，恰恰因为他是外

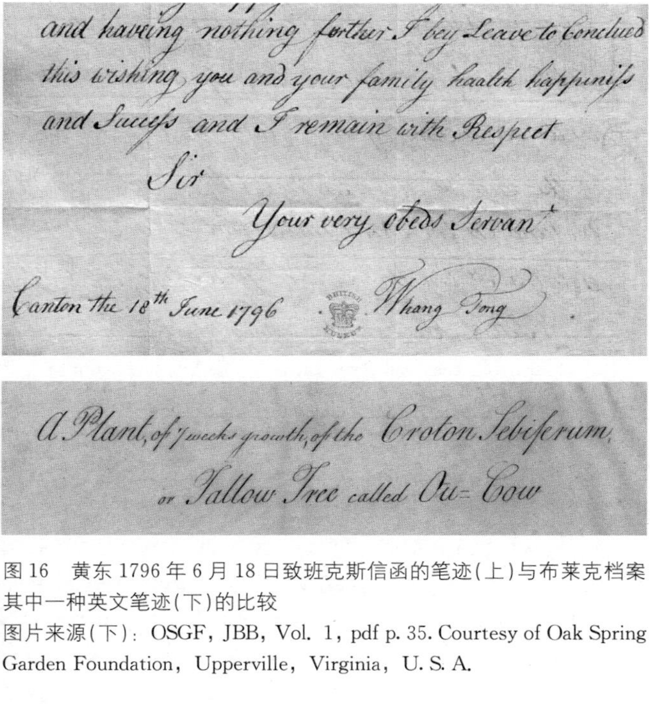

and haveing nothing further I beg Leave to Conclude
this wishing you and your family health happiness
and Success and I remain with Respect

            Sir

                    Your very obeds Servant

Canton the 18th June 1796   Whong Tong

A Plant of 7 weeks growth of the Croton Sebiferum
or Tallow Tree called Oü=Cow

图16　黄东1796年6月18日致班克斯信函的笔迹(上)与布莱克档案其中一种英文笔迹(下)的比较
图片来源(下)：OSGF, JBB, Vol. 1, pdf p. 35. Courtesy of Oak Spring Garden Foundation, Upperville, Virginia, U. S. A.

国人学英语，所以他的书法相当规整，行笔按部就班，小心翼翼。

这封信是我们迄今为止能够找到的最后一张黄东本人遗下的英文笔迹。至于中国人有关黄东的认识，却要等到1889年也就是几近一百年后才再昙花一现。此处暂且按下不表，待到终局再行分解。

注　释

① Jordan Goodman and Peter Crane, "The Life and Work of John Bradby Blake,"*Curtis's Botanical Magazine*, Vol. 34, Part 4 (John Bradby Blake Special Part), December 2017, pp. 251-275. 本节有关布莱克父子的事迹，除有个别细节须特别注明外，全部来自 Goodman and Crane 文，不另作注释。

② Sarah Easterby-Smith, "Botanical Collecting in 18th-century London,"*Curtis Botanical Magazine*, Vol. 34, Part 4 (John Bradby Blake Special Part), December 2017, pp. 279-297.

③ 原文是"to form a Compleat Chinensis of Drawings copied from Nature, with a Collection of Specimens, Plants, Seeds, etc., etc., with every necessary description relative to their Uses, Virtues, Culture, Seasons, Parts of Fructification, [and] when in bloom"。见 Jordan Goodman and Peter Crane, "The Life and Work of John Bradby Blake", p. 240。

④ OSGF, JBB, Description of a Five Volume Chinese Herbal, pdf

p. 9. 此件属"布莱克档案"，详情见下。

⑤　Jordan Goodman and Peter Crane, "The Life and Work of John Bradby Blake," p. 241. 材料引自"Extract of letter from John Bradby Blake, Esq…to his father John Blake, Esq…November/December 1772", OSGF, JBB, Description of Plants and Autograph Letters, pdf p. 38。原文是"I have been very lucky in finding a very indigenous Chinese, who tho' not a Botanist, is very capable of copying exactly from Nature by my assistance. I have retained him solely in my service…"。

⑥　据 Goodman and Crane 文，查 1774 年 5 月 24 日在伦敦刊登的讣闻，布莱克死于胆石引起的并发症。

⑦　见 Peter Crane 为 *Curtis's Botanical Magazine*, Vol. 34, Part 4 (December 2017)专号撰写的编辑前言。

⑧　"Memoirs of John Bradby Blake," *Gentleman's Magazine*, No. 46, 1776, pp. 348-351.

⑨　Geraldine Mozley, "Captain Blake's Chinese Boy," *Notes and Queries*, January 4, 1936, pp. 2-4. 文末最后一段原文是"I do not suppose that anything further will ever be known about that romantic figure, the Chinese Boy."。

⑩　Jordan Goodman and Peter Crane, "The Life and Work of John Bradby Blake," pp. 245-246.

⑪　有关这册手稿，上揭 Sarah Easterby-Smith 文详细叙述了布莱克寄回英国的种子被分配到什么机构和个人手上。

⑫所谓"蓪纸画"，是指用水彩在自通脱木树茎中白色海绵状的树芯切割而成的纸张上绘制的小幅画片，流行于 19 世纪，主要由广州画师制作，卖给外国顾客。详见[英]伊凡·威廉斯：《广州制作：欧美藏十九世纪中国蓪纸画》，程美宝译编，广州，岭南美术出版社，2014。

⑬　全部册子都没有"题目"，页码编排方法亦不一致，加上经常有大页夹小页的情况出现，而我用的是橡泉园林基金会图书馆提供的扫描电子

文件，因此本书凡用到此批手稿时，注释按上引 Crane and Goodman 文的做法，标以电子文件的 pdf 页码。

⑭　OSGF, JBB, Description of a Five Volume Chinese Herbal, pdf p. 33.

⑮　两本本草的书名分别见于 OSGF, JBB, Description of a Five Volume Chinese Herbal, pdf p. 4, 31。

⑯　程新：《〈本草备要〉学术价值与版本探析》，载《大学图书情报学刊》，2015(5)。

⑰　吴氏太和堂本乃以明崇祯十三年(1640)钱蔚起翻刻的《本草纲目》为基础校勘再刻，而钱氏本则以万历三十一年(1603)刊行的"江西本"为底本翻刻，并请当时最有名望的画工和刻工完成。见尚志钧：《〈本草纲目〉版本简介》，载《安徽中医学院学报》，1988(4)；王剑：《金陵本〈本草纲目〉在海内外 420 年翻刻考记》，载《亚太传统医药》，2015(11)。关于吴氏太和堂本的出版年份问题，有学者指出，顺治九年(1652)成书的蔡烈先所录的《本草万方针线》中也有提到太和堂，故吴氏重订本初版年份仍有待考证，见上揭尚志钧文。

⑱　例如，汪氏本草书目用英文注明是"The Title Page of the Five China Silk bound Herbal & Natural History & c. containing Plates"，吴氏本则注明是"The first Volume of the Yellow paper bound China books of Natural History in all 34 Volumes containing 52 Books that have Mr. J Blake remarks & particulars"。在某些有折痕的页上，又有"Minutes of the two first Vol of the Chinese Herbal of 32 Volumes (34 Vols containing 52 books) from Mr. Whang a Tong & etc. are remarked by Mr. J B Blake in it Plates (1 & 2 Vols)""Rough Memorandum of Mr. Whang At Tong, Observations on Mr. John Bradby Blake's four Volumes of Botanical Drawings in Blue Covered folio Books""Mr Whang At Tong Remarks on looking over the five Volumes of China Silk bound books particularly those pages in which Mr. Blake had made some remarks"等字样。见 OSGF, JBB, Description of a Five Volume

Chinese Herbal, pdf pp. 4, 7, 8, 31。

⑲　"吴氏重订本草纲目太和堂藏板"本人一时未能得见。汪氏的《本草备要》，本人能见到的是康熙三十三年(1694)汪讱菴自序于延禧堂的《新镌增补详注本草备要》四卷(收入《续修四库全书》)，无图。比照笔记按卷一(Volume the first)至卷四(Volume the fourth)排列的药名与《新镌增补详注本草备要》四卷排列大体相同。

⑳　OSGF, JBB, Description of a Five Volume Chinese Herbal, pdf p. 25.

㉑　OSGF, JBB, Description of a Five Volume Chinese Herbal, pdf p. 26.

㉒　黄东谈到"七橡"和"先生"，分别见于 OSGF, JBB, Description of a Five Volume Chinese Herbal, pdf pp. 22, 31. Jordan Goodman and Peter Crane, "The Life and Work of John Bradby Blake"一文还在手稿中爬梳出好几处类似的痕迹，试图说明黄东在布莱克第一次从广州回英时，已随他赴英一次，但我不太认同这个推断。

㉓　见 OSGF, JBB, Description of Plants and Autograph Letters, pdf pp. 27, 28, 30。

㉔　OSGF, JBB, Index Vol. 1, pdf p. 24.

㉕　OSGF, JBB, Index Vol. 1, pdf p. 27.

㉖　(清)屈大均：《翁山诗外》卷十三《七言绝句·广州荔支词》自注，40页上，清康熙刻凌凤翔补修本。

㉗　OSGF, JBB, Description of a Five Volume Chinese Herbal, pdf p. 31. "B b B b"应该是布莱克的名字"Bradby Blake"的简写，尽管在各本笔记中，他的名字大多简写成"JBB"。

㉘　OSGF, JBB, Index Vol. 2, pdf p. 40.

㉙　OSGF, JBB, Index Vol. 1, pdf p. 30. 手稿中黄遏东"遏"字的拼音偶有写作"al"。下同。

㉚　图见 OSGF, JBB, Vol. 3, pdf p. 51；文见 OSGF, JBB, Index

Vol. 3, pdf p. 39。

㉛　图见 OSGF, JBB, Vol. 3, pdf p. 56; 文见 OSGF, JBB, Index Vol. 3, pdf p. 42。

㉜　图见 OSGF, JBB, Vol. 3, pdf p. 53; 文见 OSGF, JBB, Index Vol. 3, pdf p. 40。

㉝　图见 OSGF, JBB, Vol. 1, pdf p. 21; 文见 OSGF, JBB, Index Vol. 2, pdf p. 25。

㉞　OSGF, JBB, Index Vol. 2, pdf p. 29.

㉟　OSGF, JBB, Index Vol. 1, pdf pp. 44-45.

㊱　OSGF, JBB, Index Vol. 1, pdf p. 59.

㊲　图见 OSGF, JBB, Vol. 2, pdf pp. 21-22; 文见 OSGF, JBB, Index Vol. 2, pdf p. 23。

㊳　图见 OSGF, JBB, Vol. 2, pdf p. 37; 文见 OSGF, JBB, Index Vol. 2, pdf p. 32。

㊴　图见 OSGF, JBB, Vol. 3, pdf p. 5; 文见 OSGF, JBB, Index Vol. 3, pdf p. 9。

㊵　OSGF, JBB, Description of Plants and Autograph Letters, pdf p. 15.

㊶　OSGF, JBB, Description of Plants and Autograph Letters, pdf pp. 9, 19.

㊷　上揭 David Clarke 文也有类似的推测，见该文 p. 517。

㊸　雷诺兹的这张黄东肖像画的绘制日期和价钱见上引 Geraldine Mozley, "Captain Blake's Chinese Boy", p. 3。也有另一个说法是 50 guineas（几尼），几尼是英国在 1663—1814 年铸造的一种硬币，见 Stephanie Barczewski, "Is Britishness Always British?", p. 52, n. 12。

㊹　雷诺兹的生平可参见 Nicholas Penny, "An Ambitious Man: The career and the achievement of Sir Joshua Reynolds", in *Reynolds*, ed. Nicholas Penny, Royal Academy of Arts, London, 1986, pp. 17-42; 有关其为皇家学会成员作画

的事迹，见 Rüdiger Joppien, "Sir Joseph Banks and the World of Art in Great Britain", in *Sir Joseph Banks: A Global Perspective*, eds. R. E. R. Banks, B. Elliott, J. G. Hawkes, D. King-Hele & G. L. Lucas, Kew, The Royal Botanic Gardens, 1994, p. 87.

㊺ Robert Sackville-West, *Knole, Kent*, National Trust, 1998, p. 34. 原文是："Wang-t-Tong, a Chinese Page at Knole, Sir Joshua Reynolds, PRA (1723-92), Sitting wistfully on a bamboo sofa, the square toes of his red shoes forming beautiful red highlights against the crimson and blue of his robes, Wang-y-Tong brings a touch of oriental exoticism to Knole. The Chinese page-boy was brought to England from Canton by John Bradby Blake, a contemporary of the 3rd Duke at Westminster School and an official of the East India Company. Wang-y-Tong attracted the attention of the Duke, who took him into his service at Knole—where the English servants called him Warnoton—and had him educated at the grammar school in Sevenoaks."

㊻ *National Trust Historic Houses & Collections Annual* 2016, published in association with APOLLO, p. 3, "From the Editor."

㊼ Geraldine Mozley, "Captain Blake's Chinese Boy," p. 3.

㊽ Geraldine Mozley, "Captain Blake's Chinese Boy," p. 2.

㊾ Geraldine Mozley, "Captain Blake's Chinese Boy," p. 2. Giovanna Baccelli 的肖像油画现藏伦敦泰特现代艺术馆（Tate Gallery），编号 T02000。查博物馆官方网站，此画并未附文字说明，据说曾在 1782 年展出过，是为第三任公爵约翰·萨克维尔而画的，一直藏于诺尔宫室，直到 1890 年卖给 S. 坎利夫-利斯特（S. Cunliffe-Lister），他后来获封为马沙姆勋爵（Lord Masham），1975 年泰特现代艺术馆经克里斯蒂、曼森与伍兹有限公司（Christie, Manson & Woods Ltd）从斯温顿世袭财产受托人（Trustees of the Swinton Settled Estates）购入。

㊿ Victoria Sackville-West, *Knole and the Sackvilles*, London, William Heinemann, 1922, p. 177.

(51) 二人的交往可见于 Suzanne Raitt, *Vita and Virginia: The Work and Friendship of V. Sackville-West and Virginia Wolf*, Oxford, Clarendon Press, 1993, Appendix A。

(52) 见该校官方网站，其内容主要转载自 Caroline Sharp 发表在 *Sennockian*(2011 年 12 月)的文章，该文的主要参考文献是 Fan Cunzhong, "Sir William Jones's Chinese Studies", in *The Vision of China in the English Literature of the Seventeenth and Eighteenth Centuries*, ed. Adrian Hsia, Hong Kong, Chinese University Press, 1998; Emile de Bruijn, "An 18th-Century Ornamental Adventurer", *ABC Bulletin* (*National Trust*), Summer 2011。

(53) Robert Sackville-West, *Knole, Kent*, National Trust, 1998, p. 58. 一般的说法是，包括维多利亚・萨克维尔-韦斯特的著作，谓女皇伊丽莎白一世将诺尔赠予其表亲托马斯・萨克维尔，但罗伯特・萨克维尔-韦斯特指出此说并无文献可据，并具体而微地叙述了托马斯・萨克维尔如何凭借其生意及权位转租赁后最终拥有诺尔的产权。

(54) Victoria Sackville-West, *Knole and the Sackvilles*, pp. 191-192. 安妮・克利福德夫人即 Lady Anne Clifford (1590—1676), 1609 年与多塞特郡第三任伯爵理查德・萨克维尔(Richard Sackville, 3rd Earl of Dorset)结婚，后者于 1624 年去世。故此处所说的安妮・克利福德夫人的年代即 17 世纪初，见 Robert Sackville-West, *Knole, Kent*, 封底内页载"The Sackvilles of Knole"图表。

(55) *Journal Book of the Royal Society*, Volume XXVIII, From Feb 17th 1774 to Feb 13th 1777, The Presidents Copy, pp. 149-150, 英国皇家学会图书馆藏。

(56) Omai 的生平和"noble savage"的解释皆参考 David Dabydeen, John Gilmore & Cecily Jones eds., *The Oxford Companion to Black British History*, Oxford University Press, 2007。"进入社会"沿用"Omai"词条原文的写法，作者 Jonathan Morley 明显是考虑到"enter society"这种说法在 18

世纪英国的意涵，一方面是指进入上流社会的社交圈子，另一方面就 Omai 的情况而言，也是指他被带进所谓"文明社会"。

⑤⑦ Jordan Goodman and Peter Crane, "The Life and Work of John Bradby Blake,"p. 247. 在当日接见访客的皇家学会会员中，其中一人包括班克斯。当时班克斯虽尚未担任皇家学会的主席，但肯定是该会一位十分重要的成员。

⑤⑧ 见 John Nichols, *Literary Anecdotes of the Eighteenth Century*, London, Printed for the Author, 1814, Vol. VIII, p. 670，收入在"Letters of the Rev. Michael Tyson and Mr. Gough"的部分。理查德·高夫在 1771—1797 年是英国的文物学会的会长，生平及著作见于牛津大学图书馆档案及手稿部官方网站。

⑤⑨ "Hints respecting the Chinese Language," *The Bee* (*Literary Weekly Intelligencer*), No. 11, 1792, pp. 48-52. 文章与信函作者并非同一人，皆姓名不详，并将黄遏东的"东"字拼写作"Ting"。本人乃从上揭 David Clarke 文章得悉此资料。

⑥⓪ *Medical and Philosophical Commentaries*, Volume Third, Part I, London, Printed for J. Murray, 1775, pp. 216-217.

⑥① Lady Llanover ed., *The Autobiography and Correspondence of Mary Granville*, *Mrs. Delany*: *with interesting reminiscences of King George the Third and Queen Charlotte*, Vol. II, London, Richard Bentley, New Burlington Street, 1862, p. 134.

⑥② Geraldine Mozley, "Captain Blake's Chinese Boy,"p. 2.

⑥③ Beth Fowkes Tobin, *The Duchess's Shells*: *Natural History Collecting in the Age of Cook's Voyages*, New Haven and London, Published for the Paul Mellon Centre for the Studies in British Art by Yale University Press, 2014, pp. 36-37. 书中引述班克斯的话原文是"botanically accurate representations of specific species of exotic and domestic flowers"。

⑥④ 关于 Duchess of Portland 的博物尤其是贝壳的收集活动，可参见

上揭 Beth Fowkes Tobin 著作。

⑥ Lady Banks's Dairy Book（1807），Kent History and Library Centre, Maidstone, CK-U951/Z34. 大英博物馆也藏有一个不完整的抄本。相关研究详见 Arlene Leis, "'A Little Old-China Mad'：Lady Dorothea Banks (1758-1828) and Her Dairy at Spring Grove", *Journal for Eighteenth-Century Studies*, Vol. 40, No. 2 (2017), pp. 199-221。

⑥ Lady Banks's Dairy Book（1807），标题页后面。原文是："Dedication—This little Essay founded entirely on her correct Judgment in Collecting & her excellent Taste in arranging & displaying the Old China with which she has ornamented her Dairy at Spring Grove, is offer[e]d to Lady Banks, as the pure tribute of a Husband's affection unabated during an Union of 27 Years Marriage."

⑥ 古德曼先生 2020 年 6 月与本人通信，谓已找到相信是此份记录的原稿，中文字手迹很可能是黄东的，但未允透露出处。

⑥ 参见叶璐、田锋：《黄伯禄中西历日对照工作初探》，载《科学技术哲学研究》，2018(2)；刘乃和：《陈垣同志编著的年代历法工具书》，载《文献》，1979(2)；季维龙：《〈中西回史日历〉与〈两千年中西历对照表〉》，载《历史教学问题》，1982(3)。

⑥ Arlene Leis, "'A Little Old-China Mad'：Lady Dorothea Banks (1758-1828) and Her Dairy at Spring Grove," p. 209.

⑦ Joseph Banks to David Lance, 30 August 1803, Soho Square, Dawson Turner Copies, Vol. 13, pp. 111-115.

⑦ Geraldine Mozley, "Captain Blake's Chinese Boy," n. 7。

⑦ Banks to George Thomas Staunton, from Soho Square, March 1807, R. S. Misc. MSS. 6, miscellaneous autograph letters and papers of Joseph Banks kept by the Royal Society in London；抄本见 Dawson Turner Copies, Vol. 17, pp. 35-38. 乔治·托马斯·斯当东即马戛尔尼访华使团副使乔治·伦纳德·斯当东(George Leonard Staunton)的儿子，俗称"小斯当

东"。

⑦ 见英国皇家美术学院官方网站有关乔治·丹斯的介绍。

⑦ OSGF, JBB, Vol. 1, pdf p. 55.

⑦ "A Letter to the President from a young Chinese," *Asiatick Researches*, 1790, Vol. Ⅱ, pp. 203-204. 较早提到琼斯与黄东关系的是上引范存忠在 1946 年发表的文章。我请熟悉广东明清科举情况的吕子远先生以"黄遏东""黄亚东""黄东"等名字查考，并未见其有科名记录。

⑦ 此评价出自 H. B. Carter, "Sir Joseph Banks and the Royal Society", in *Sir Joseph Banks: A Global Perspective*, p. 8. 原文是"Banks himself marks the transition from such 18th century virtuosity to 19th century science"。

⑦ 有关班克斯的生平，可参见上引 *Sir Joseph Banks: A Global Perspective* 所收各文，其中尤以 H. B. Carter 一文较全面详尽。

⑦ 有关这个问题的研究，以 Fa-ti Fan, *British Naturalists in Qing China: Science, Empire and Cultural Encounter*, Cambridge, Mass., Harvard University Press, 2004 最为详尽。该书近年已翻译成中文出版（[美]范发迪：《知识帝国：清代在华的英国博物学家》，袁剑译，北京，中国人民大学出版社，2018）。

⑦ John Duncan to Banks, 18 January 1784, Canton, *Banks Correspondence*, Add. MS. 33977. 258, collection of the British Library.

⑧ 这两位邓肯与上文提到的安德鲁·邓肯是否有亲属关系，我暂时未能考究。

⑧ Alexander Duncan to Banks, 23 January 1791, Canton, *Banks Correspondence*, Add. MS. 33979. 14.

⑧ Alexander Duncan to Banks, 6 December 1788, Canton, *Banks Correspondence*, Add. MS. 33978. 211-212；12 December 1789, Canton, *Banks Correspondence*, Add. MS. 33978. 276-279。据梁嘉彬《广东十三行考》（303～304 页，广州，广东人民出版社，1999[初版 1937]），"Consequa"亦

写作"Conseequa"(Comsekwa)，即丽泉行商人潘长耀(？—1823)。"崑"是其本名，"水宫"是其商名，是为"Conseequa"之语源。

㊧　Alexander Duncan to Banks, 23 January 1790, Canton, Add. MS. 33979. 14; 8 February 1790, Canton. Add. MS. 33979. 15-16.

㊨　John Duncan to Joseph Banks, 20 March 1787, Canton, *Banks Correspondence*, Add. MS. 33978. 112.

㊥　据 Hosea Ballou Morse, *The Chronicles of the East India Company trading to China 1635-1834*, Oxford, Clarendon Press, 1926, Vol. Ⅱ, "East India Company's Ships at Canton, 1775-1804", "诺森伯兰号"于 1795 年到达广州。

㊦　大英图书馆手稿部藏 *Banks' Correspondence*, Add. MS. 8099. 209。

㊧　梁嘉彬：《广东十三行考》，301～302 页，广州，广东人民出版社，1999。

㊨　Kuo-Tung Anthony Ch'en, *The Insolvency of the Chinese Hong Merchants*, *1760-1843*, Nankang, Taipei, The Institute of Economics, Academia Sinica, 1990, p. 352.

㊩　William Kerr to Banks, 3 March 1804, Canton, *Banks' Correspondence*, Add. MS. 33981. 137. "Yenqua"疑即"Yanqua"(仁官)，即义成行叶上林，见梁嘉彬：《广东十三行考》，300～301 页，广州，广东人民出版社，1999。

㊪　(清)梁廷枏总纂，袁钟仁校注：《粤海关志(校注本)》，356 页，广州，广东人民出版社，2002。

"沙文"与"做厨"

黄东到底在认识他的英国人的心目中，有着怎样的身份？我们不妨从散见于第一章的各种材料，看看对他的称谓。在布莱克手稿中，不管是布莱克还是老布莱克的笔记，在大部分的情况下，"Whang at Tong"这个名字都被冠以"Mr."——"先生"——的称呼。德莱尼太太 1775 年的信函里，也称他为"先生"（Mr. Whang at Tong）。班克斯夫人的剪贴册中收入的黄东在 1775 年为波特兰公爵夫人收藏中国瓷器辨识款识的记录，则写作"Whang at Tong，a Chinese"（一个中国人），并无称谓。同年在皇家学会访客册上的登记，是"Quang at Tong from China"（来自中国），也没有称谓。在医师邓肯的记述中，黄东的名字的写法是"Whan At Tong，a native of China"（一个在中国土生土长的人）。也许，在布莱克父子心目中，黄东为他们提供了许多有关中国的知识，因此对他采用了"先生"这个比较平等的称谓，尤其是黄东在英国跟老布莱克共处的时候，已经是成年人，与老布莱克也很难说有很明确的雇佣关系。德莱尼太太知道黄东是"在老布莱克的庇荫下，为他提供所需的知识的"，可能是根据老布莱克的介绍，也称他为"先生"。[1] 在 18 世纪的英国，"Mr."算是个尊称，但也是相对而言的，主人为了表示礼貌，有时也会称呼其仆人为"某某先生"。[2]

时至 20 世纪，人们对黄东的认识主要来自雷诺兹爵士为他绘制的肖像，较早的一篇讨论这些肖像画的文章出自布莱克的后人莫兹利，文章的标题——"Captain Blake's Chinese Boy"——十分醒目，给人一个印象，黄东是布莱克船长的"中国小男仆"或"中国小男孩"。后来的人再署录这张油画，似乎都受这个标题的影响，如多塞特郡第三任公爵萨克维尔家族的后人的写法便是"Wang-y-Tong，a Chinese Page at Knole"（黄亚东，诺尔宫室的一名中国仆人）。黄东在这类图录中出现的身份，往往是"boy"或"page"。"boy"既可解作"男孩"，也可以与"page"同义，也就是中文的"小厮"。对于跟他不熟络的外国人来说，黄东最重要的标识是他是个"中国人"或"来自中国"；在老布莱克眼里，长大成人的黄东是位"先生"；在布莱克船长身旁，年少的黄东应是个仆人。黄东在英国的经历也许有点特殊，但他早年是清代广州口岸为外国人打工的芸芸众生中的一个小厮，应是虽不中亦不远的。

一、"沙文"名目，永远禁止？

洋商聘用中国人作仆人情况，从 16 世纪中至鸦片战争前夕，曾经历过一些变化，官府的态度由原来的严加管制变成后来的体谅松弛，唯有一点始终不肯宽容的，是人们使用"沙文"这个听起来十分奇怪的外来词，来称呼中国仆人。

　　洋商须雇用本地人当仆役，固由来有自。自 16 世纪中葡萄牙借澳门一地与中国互市以来，澳门便聚居了一群葡萄牙人，时至 1564 年，便有"900 个葡萄牙人及他们带来的华人、印度人和非洲人奴仆"，在澳门居住。[③]其后，荷兰、英国、法国等国商人相继东渡，各设东印度公司以专营东方贸易事务，在中国沿海江、浙、闽、粤等地，皆有贸易往来。1757 年，乾隆上谕番商贸易只限在广州一口进行，后又颁布多项约束驻广州外商的规条，其中包括外人到粤，令寓居行商馆内，并由行商负责管束稽查，妇女不得携入夷馆，外人不得雇用汉人婢仆，通商期间过后，外商不得在省住冬，须前往澳门居住等例。[④]当时，外商来华贸易，不许私赁民房居住，十三行行商乃将行地（即今广州十三行马路南）一部分约 12 英亩[⑤]面积的地方租与外商，建置各国夷馆，让其居住，外人之来粤者，不得逾越十三行街范围。乾隆末年，始准外人每月逢三逢八往游隔海之陈家花园和海幢寺。道光七年（1827），又准许外商每月往广州城郊花地游览，但须伴同通事，晨出夜归。十三行街的夷馆备极华丽，多属伍怡和行和潘氏行私产，乾隆年间每年租银 600 两左右。⑥

18—19 世纪中的夷馆分属英、法、美、荷、瑞典、丹麦、西班牙等国。各国商行中，以英国东印度公司地位最为显赫。据长年在广州工作的传教士卫三畏（Samuel Wells Williams）回忆，长期以来，公司一般有 22～24 名总监负责中国贸易事务，其中有 1/2～4/5 常驻广州。1833 年后，英国东印度公司专利权到期，很多来自英格兰和印度的商人来华自行设行通商；还有其他非商业性的组织特别是传教机构，如为纪念英国传教士马礼逊（John Robert Morrison）建立的马礼逊教育会（Morrison Education Society），美国传教士兼医生伯驾（Peter Parker）兴办的眼科医院和中国医务传道会（Medical Missionary Society）等。有些外国人如宝顺洋行

（Dent & Co.，又称颠地洋行）的托马斯·比尔（Thomas Beale），自 1799 年便开始在广州和澳门居住，35 年来没有回过祖国。

时至鸦片战争前夕，常驻广州的外国人员约有 250 人。这个数字还没有加上停靠在黄埔泊地上的来华贸易商船的人员，每艘美国商船上，船长、水手和其他辅助人员最少有 70～90 人[⑦]，欧洲船则多至一二百人，而来华的外国商船，至道光时，更有每年达 100 艘以上。[⑧]即使我们不计常住澳门的外国人，每年从七八月至次年一二月间居留在广州的外国大班、商人，以及船上的水手及各类人员的数字，也是相当可观的。尤其不可忘记的是，在 1843 年、1844 年《南京条约》及相关五口通商章程生效之前，按规定妇女不得进入夷馆，外商的家眷都只能住在澳门，住在广州的外国人是清一色的男性，一切家庭杂务，更需聘请本地仆役料理。

换言之，从 16 世纪到鸦片战争前夕的两三百年间，澳门和广州有一群华人，是靠为外国人提供日常生活所需的服务为生的。其中，买办和通事的作用固然十分重要，也较多人讨论，但比通事社会地位更卑微、识字更少的事仔与厨子，也值得注意。他们因实践而习得的"西学"——西人的饮食和礼仪习惯——是同时期绝大部分的中国人从未听闻的奇风异俗，却是他们代代相传的谋生伎俩。

然而，按清朝体制，外国商人是不能随便雇用华人佣工的。乾隆二十四年（1759）颁布的限制外商的规条中，就有外人不得雇用本地婢仆一项。当时两广总督李侍尧奏陈粤东地方防范洋人规条云：

> 至夷商所带番厮人等，尽足供其役使，而内地复设有通事、买办，为伊等奔走驱驰，乃复有无赖民人，贪其货财，甘心受雇夷人服役，亦于体制有乖，应请责成通事、行商实力稽查禁止，如敢徇纵，与受雇应役之人一并惩治。⑨

嘉庆十四年（1809）又议，外国人所需的食用等物，一概由取得印照的中国买办代理，若买办"代雇华人服役，查出照例重治其罪。地方官徇纵，一并查参"[⑩]。

但事实上，外国商人一直在雇用华人为他们服务，此举亦为官府所默许。嘉庆十五年（1810）广东布政使回英国东印度公司大班议时，鉴于"府议以十三行及澳门公司馆内，向来雇用挑夫、守门、烧茶、煮饭、买物等项人等，均不可少，请照旧章准其雇用"，又"议准挑夫、守门人等"，认为"若一概禁止，该夷人来粤贸易，未免不能熟悉，自应仍准雇用。惟省城十三行及澳门公司馆，每处需用若干名，应请移知粤海关酌定名数，饬行遵照，俾易稽核。其沙文名目，仍应严行禁止"[⑪]。

侯后，官府对于洋商雇用民人的政策，越见宽容。道光十一年（1831），两广总督李鸿宾疏曰：

　　夷商雇倩民人服役，应稍变通也。查原定章程，夷商住居馆内，除设立买办、通事外，如民人受雇服役者，严查禁止，等因。差内地民人雇给夷商服役，向有沙文名目，久已禁革，自应仍照旧章，严行禁止。惟近日各国夷商来者益众，其看货、守门及挑水、挑货等项，在在需人，而夷商所带黑鬼奴，性多蠢暴，若令其全用黑鬼奴，诚恐聚集人多，出外与民人争扰，转致滋生事端。应请嗣后夷馆应需看货、守门及挑水、挑货人等，均由买办代为雇倩民人，仍将姓名告知洋商，责成该管买办及洋商稽查管束。如此等民人内有教诱夷商作奸，洋商买办即随时禀请拘究。⑫

由此可见，官府之所以肯略为变通，是因为怕外商带来的"黑鬼奴"滋事。这里所谓"黑鬼奴"，应该是指被洋商从非洲或南洋带来中国的仆役，他们一般肤色较为黝黑，在当时的中文文献中也被加上歧视性的标签。

到了道光十五年（1835），两广总督卢坤又具体规定说：

嗣后每夷馆一间，无论住居夷人多寡，只准用看门人二名、挑水夫四名。夷商一人雇看货夫一名，不许额外多用。其人夫责成夷馆买办代雇，买办责成通事保充，通事责成洋商保充，层递箝制，如有勾串不法，唯代雇、保充之人是问。仍令该管行商按月造具各夷商名下买办人夫名籍清册，送县存案，随时稽查。其挑货人夫，令通事临时散雇，事毕遣回。至民人受雇，为夷商服役之沙文名目，仍永远禁止。倘夷人额外多雇人夫，及私雇沙文服役，将通事、行商一并治罪。[13]

有趣的是，清廷明明容许民人受雇于外商提供看门、挑水、看货等服务，但却永远禁止"为夷商服役之沙文名目"。到底"沙文"是什么呢？我们不妨先在外语文献中寻找答案。其实，历任两广总督颁布的限制洋人活动的规定，洋商是十分清楚的。早在马儒翰（John

Robert Morrison)1834 年出版的第一版《中国通商指南》（*Chinese Commercial Guide*）里，便摘要翻译了相关规定。其中，1760 年与聘请本地人当仆人有关的条文是："Natives must not degrade themselves and the dignity of the empire by serving foreigners（gatekeepers and coolies to carry goods were however permitted)"，意思是："本地人不应服务外国人，以免有失身份及国家之体统（守门及挑货除外）。"1831 年的相关规定则为："Interdict of servants. The original interdict as to prevent foreign merchants hiring natives to serve them. This requires a little modification. The regulation goes on to interdict the employment of personal attendants，under the name of *sha-wan*——intended to express the sound servant."⑭意思是："有关仆人的禁令：原来的禁令是防止外国商人雇用本地人为其服务，该禁令须稍做修改。有关禁令禁止的是以'沙文'之名雇用私人的仆人，而'沙文'一词是用

以表达 servant 的发音的。”由此可见，所谓“沙文”，就是英语“servant”的音译。

查阅当时在广州刊刻的名为“红毛番/鬼话”之类的英语学习小册，我们又知道，“沙文”的释义是“事仔”或“跟尾”。[15] 图 17、图 18 是其中两例：

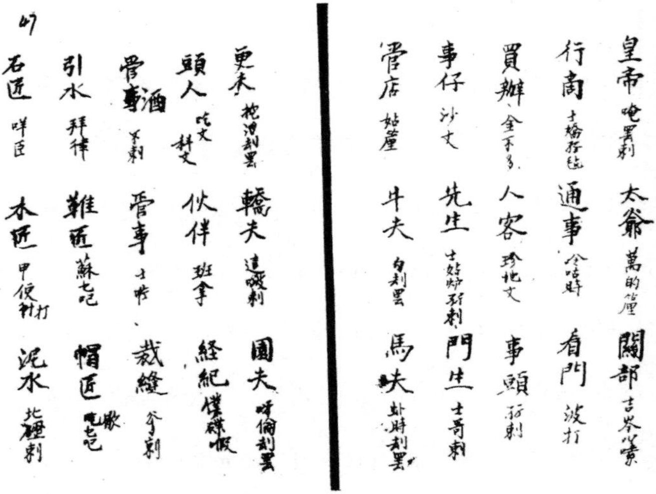
皇帝 行商 買辦 事仔 沙文 舖店
太爺 通事 人客 先生 牛夫
關部 看門 事頭 門生 馬夫
更夫 頭人 賣酒 引水 石匠
轎夫 伙伴 管事 雜匠 木匠
園夫 經紀 裁縫 帽匠 泥水

图 17 《红毛番话》(“内田发现本”，原无书名)
图片来源：[日]内田庆市、沈国威编著：《言语接触とピジン：19 世纪の东アジア》，268 页，东京，白帝社，2009。“事仔沙文”条见右页上栏右起第四行。

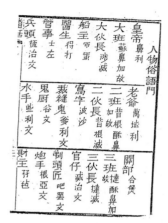

图 18 《红毛通用番话》(省城璧经堂本)
图片来源：［日］内田庆市、沈国威编著：《言语接触とピジン：19 世纪
の东アジア》，206 页，东京，白帝社，2009。"跟尾沙文"条见左页中
栏右起第一行。

1828 年在澳门出版，由伦敦传道会传教士马礼逊编纂的《广东省土话字汇》，对"servant"这个词条，有以下两个解释：

SERVANT，footman，跟班 Kan pan. Vulgarly，小厮 Sew sei. They call themselves，小的 Sew tik. The servants of foreigners call themselves，事仔 Sze tsai，and their Masters，事头 Sze taw，Implying that they are both engaged about the same business，only the Master is at the head.

SERVANT，a boy who goes to Market，亚娣 A tei；娣仔 Tei tsai. Servant girl，丫头 A taw.⑩

据马礼逊这番解释，"servant"这个词不同的表达方式是有不同意义的。英语的"servant"，在中文中既可以是"跟班"，也可以是"小厮"，他们自己会自称"小的"；到市场上跑跑腿的小男孩，在家里做点小差的小女孩，本地话分别称为"亚娣""娣仔"和"丫头"。有意思的是，马礼逊说明，受雇于外国人的"servants"，又会称自己为"事仔"，与"事头"共事（"both engaged about the same business"），只不过"事头"是在"头"的那一端而已（only the Master is at the head）。如果雇主同时雇用了买办，则买办于"事仔"来说就是"事头"。如果洋主人和事仔中间没有买办，则洋主人就是"事头"了。

美部会传教士裨治文（Elijah Coleman Bridgman）1839 年左右编纂的《粤语文选》（*Chinese Chrestomathy in the Canton Dialect*）有关"买办类"一章，有这样的一段用作教材的对话：

呢行内一总有几多人呀？

九个。

做乜嘢嘅呀？

三个事仔、三个管店、一个看牛、一个看门、一个做厨。

佢哋受几多工钱呢？

事仔每人五个银钱，管店、看门每人四个，做厨七个，看牛三个。每月共支工银四十元。⑰

这部《粤语文选》是中、英与粤语拼音三对照的。由此我们知道对应事仔、管店、看牛、看门和做厨的英语词汇，分别是 personal servants、coolies、cowkeeper、porter 和 cook。作者还进一步解释道：

> 与洋行有牵连的本地人，若应外国人使唤，会被认为是作践自己，因此，为免要他们放下身段，人们逐渐流行一套洋行而非居家的词汇，来称呼这其中的一些人。私人雇用的仆人(personal servants)称自己为"事仔"(children of business，字面意思是"事务的孩子")，而他们的主人则称为"事头"(heads of the business)。"咕喱"(苦力，coolies)——什么都干的仆人——则称为"管店"(overseers of the shop)。⑧

由此可见，"事头"和"事仔"这对今天已逐渐少用的粤语词汇，其实带有一点"平等"的意味，说不定哪天时来运转，"事仔"会当上"事头"哩。因此，"事仔"不必都是卑微的，更何况，在这样的情景中，中国仆人与外国主子的关系，是"天朝民人"与"外夷远人"的交往。当"沙文"也可以干得很有尊严，欲知详情，且看下文分解。

既然官府一再禁止，也就表明洋商事实上一直都雇用华人充当他们的"沙文"，否则，这种称呼也不会一直沿用。官府规定洋商必须通过买办雇请民人的做法，在外国人的游记里也屡有记载，有关的内容更重复袭用，大抵是为打算到中国开展事业的商人或传教士提供指引。例如，在 1834 年《中国丛报》(*China Repository*)上发表，后于 1839 年出版成单行本的《粤东省城记》(*Description of the city of Canton*)写道："一位绅士要在广州安顿下来，首先得找来一个买办。买办即取得印照的人，担当管家(head servant)，按照其雇主的指示，监督一切家务，栽培其他仆人，购置日常用品。"[19] 1837 年出版的一本名为《派遣至安南、暹罗、马斯喀特等东方朝廷的使节团》(*Embassy to the Eastern Courts of Cochin-China，Siam and Muscat*)的书中，便有几乎一模一样的记载。[20]

与行商伍浩官交易多年且私交甚笃的美国旗昌洋行(Russell & Co.)商人罗伯特·贝内特·福布斯(Robert Bennet Forbes)，谈到他 1839 年在广州居住的开支时，也有类似的叙述。他给远在美国的妻子写信道：

> 你说我一定要谨小慎微和省着用，我在小事情上实在没有时间谨小慎微和节省。我们的家包括我自己、洛(Low)、金(King)、斯普纳(Spooner)、吉尔曼(Gilman)，以及两个葡萄牙少年，每人有一个仆人。我们合共两个厨子、一个看牛、两头英国牛、一个买办、一个去市场买东西的人、四个管店(coolies)或看门(porters)，总共 25 口(包括那两头

牛），我们的家庭开支共约每年 8 000 元。[21]

　　在洋商家庭当佣工的华人，似乎都要受买办甚至官府胥吏的层层剥削。另一些资料显示，在 1784 年左右，事仔（servants）和管店（coolies）的月薪是 3 元，但他们出入夷馆，需要取得许可证，为此便得付 0.5 元。[22]美国旗昌洋行商人威廉·亨利·洛（William Henry Low）的侄女哈丽雅特·洛（Harriett Low），1829—1833 年跟叔叔寓居澳门。她在 1833 年 10 月写的信里说，刚从另一位外国太太处得知，近日官府有令，所有在外国人家庭打工的女佣都要离开，而这些女佣大多在外国人的家庭当奶妈。哈丽雅特·洛认为，"这是很残酷的事"，大概她的意思是说这样一来家里的孩子就没有人照顾了，她更认为，官府实际上是要在奶妈身上敲诈。[23]尽管如此，当时在洋商家庭里当仆人的收入应该还是具有一定的吸引力的。

　　一位在 19 世纪 40 年代周游列国的奥地利女士，

1847年7月来到广州，对当地的外国人的生活有十分细致的观察：

很少人携家带眷到中国，到广州的尤少，在那里，女人和小孩都被牢牢地关在家，要出门的话，就只能乘坐密闭的轿子。除此之外，那里什么都贵，比较之下，在伦敦生活显得更便宜。租一所6个房间的房子，加上一个厨房，一年得花上700~800元（dollars）左右（计约140或160英镑），一个男仆每月收入4~8元，女仆9~10元，因为中国女人不肯伺候欧洲人——除非薪水特高。还有，那里习惯一个仆人专职负责一种家务，弄得你非聘请一大群仆人不可。一个仅有4人的家庭就需要至少11或12个家佣。首先，每个家庭成员都得有一个专门侍奉他的随从，接下来是一个男厨师；还有几个保姆，加上几个管店（coolies），担负一些体力劳动，诸如清洁房间、搬柴扛水等。尽管仆人人数众多，他们的服务却经常有欠周到，如果有一个随从刚巧外出，而主人又需要他的服务的话，主人必须等他回来，因为其他仆人是绝对不能碰他所负责的工作的。

整个家庭事务的总管是买办（comprador），他可说是个大管家（major-domo）。他需要关照所有餐具、家具、亚麻织物用品等的安排。他负责招聘所有的仆人，给他们提供住宿和其他所需，为他们的品德行为负责，不过，他也从他们每个人的月薪里扣除2元，作为劳务费。他负责所有的购物，清理所有账单，每月计算总数，而无须逐一报告每个细目。[24]

综合以上各种说法，在广州和澳门生活的每户4人左右的洋人居所，便至少要雇用11～12个中国人当家佣。据卫三畏回忆，1839年，常住广州夷馆区的外国人约有 300 名[⑤]，也就是说，受雇于这群外国人当家佣的中国人——主要是来自广州邻近地区、澳门所属的香山县的乡民或水上人——的数目，有 800～900 人。这种情况，至鸦片战争后仍延续了一段时间。

二、主人的口味，厨子的技艺

中国佣人在洋商家庭里，具体要承担些什么工作，从中实现了怎样的"知识转移"？鸦片战争前夕的一些情景，也许有助我们想象这些问题。据卫三畏回忆，1839年春，钦差大臣兼两广总督林则徐正在查禁鸦片，逼令中外商人把鸦片交出销毁，在广州的洋商，事前听闻风声者，已经去了澳门，而常住广州夷馆区约 300 名的外国人，则因为夷馆区前的河面上泊满中国官方派来的船只，无法逃离，仍要滞留在夷馆中。3 月某日下午 4 时左右，一名男子匆匆忙忙地跑进广州十三行夷馆区，用中国话大喊大叫，告诫全体中国仆人赶快离开，两小时后，整个商馆区没有一个本地仆人。滞留在夷馆区的欧美商人，只能借用巴斯商人的仆人，因为他们懂得一点粤语，至少可以到邻近的市场买点东西，但他们买回来的物资并不够用，洋商们得小心翼翼地检查他们的储物室和食橱，看看还有什么剩余物资。未几，官府派人送来牛肉、猪肉和家禽，但洋商们生怕中国官员有什么诡计，都拒绝碰这些食物。这种封锁的状况持续了近三个月之久。㉕

"整个商馆区没有一个本地仆人"的状况，窘得外国商人手足无措，他们要自己分工合作打理日常家务，苦不堪言。他们把这些细节详细地写进家书向家人倾诉，多少反映了中国佣人在洋商家庭里要承担的各种工作。罗伯特·贝内特·福布斯在 1839 年 3 月 25 日写给他妻子的信函中，便有以下叙述：

每个仆人、厨子和买办都被勒令离开了，剩下我们自己，要做饭的话，唯有自己动手……这天早上，我自己生火、破柴、烧水，你看见一定感到很可笑。我在 7 点半到德拉诺（Delano）家那里，看见他、洛、金和其他人，正在煮鸡蛋、马铃薯、米饭、火腿等，做得非常糟糕。我们现在早餐能吃到的唯一的好东西是茶、鸡蛋和面包。至于正餐，我们有一个男童水手和一个东印度军队的仆人帮忙。我们不得不把我们可怜的牛送走，因为我们实在做不了一个好佣人和看牛郎。㉗

3 月 27 日，福布斯又写道：

我告诉老绅士（这里指行商伍浩官——引者按），我已经当了好一阵厨子和侍女了。他说他会给我送来熟食，未几，他让一个帮我们守门的人，把牛舌、阉鸡和火腿偷运进来，还送来了一个厨子。我们因此只需要把餐桌摆设好，自己为自己捧餐、收拾床铺便可。我们的一个巴斯朋友十分友善，给我们送来了很多熟食，因为他们都习惯用他们自己的人作仆人。我们的餐桌因此堆满了食物，我们不但不需要挨饥抵饿，反而会饮饱吃滞。当然，我们现在没事可干，每天挑水和收拾床铺，也够我们锻炼。由于我是斯特吉斯（Sturgis）先生的房子唯一的租客，我和斯诺（Snow）先生还负责剪灯，清理痰盂，把水罐灌满，打扫走廊、阳台，等等。⑱

在这封书信里，福布斯还提到，他和另一个外国商人一度有机会和林则徐会面，虽然最后因为某些理由而告吹，但据他们所知，林则徐当时已经找了一个欧洲厨子，准备好洋酒，打算好好地宴请他们。就在这几天，官府陆续送来火腿、家禽、猪羊、白米等食物，但斯诺先生无奈地告诉通事说，没有仆人，送来这些东西又有什么用呢。㉖曾经有一两天，福布斯的厨子、两个管房和一个看牛郎获准回到他那里，但随即又被勒令离去。结果，这群美国商人和助理们只好这样分工合作：

这天早上，我们又要自己弄早餐了，于是，我们这样组织起来：

格林(Green)：负责扫走廊、阳台和煮茶。

福布斯：负责清洁玻璃器皿和银器。

斯诺：负责摆好餐桌；德拉诺：当大厨；金：当二厨；斯普纳：当厨房帮工。

亨特(Hunter)：负责剪灯和点灯。

吉尔曼(Gilman)：负责找啤酒、酒、奶酪；去乞求、借用、购买或偷窃鸡蛋和面包一类的小东西。

米兰达(Miranda)和席尔瓦(Silva)（两个葡萄牙文书）：负责洗盘子、收拾餐桌和清洁刀具。

除此之外，每个人当然都要收拾好自己的房间。[30]

到 4 月 18 日，福布斯的厨子、负责杂务的管房和负责收拾房间的仆人终于获准回来，但其他"沙文"因为要具结保证，不敢贸然回来。[31]

以上这些记载反映了在洋人家庭里的华人佣工，平日要负责多少种类的工作，更值得注意的是，他们在洋人家庭里打工，便要学会按照西方的规矩和生活习惯办事，如果说像收拾床铺、打扫走廊、剪灯点灯、挑水劈柴等方面的家务，华洋家庭差别不大，那么，像摆放、打理西式餐具（银器和玻璃器皿）以及做西菜一类的工作，便不得不专门学习了。

福布斯提到在他们被封锁期间，德拉诺为了弄两个米布丁，还得看食谱。[32]相形之下，在洋人家庭打工的华人厨子，早就能做出满满一桌"西菜"了。1769 年 10 月 1

日和 2 日，潘启官一世（潘振承）在他位于河南岛的别墅宴请外宾，他的厨子能够炮制出满满一桌的"英式"西菜（*a fête* "dressed and served *à la mode Anglaise*[sic]"），他家有大量的银器供客人使用，在场的中国人也竭力跟随欧俗，使用刀叉。③1836 年，新到任的粤海关监督要与外商会面，英国东印度公司的商人款待了他一桌早餐。目睹此情此景的查理斯·唐宁（Charles T. Downing），谓这是一顿"一流的英式早餐"（first-rate breakfast after the English fashion），包括"罢铃蛮治"（blancmanges，今一般译作"牛奶冻"）和"车里"（jellies，今粤语一般写作"啫喱"，普通话译作"果冻"）等。从唐宁的插图可见，这顿英式早餐应该都是中国厨子炮制的，上菜的也是中国仆人。可惜，这位通常被外国人称为"Hoppo"的"关部大人"并不怎样欣赏，每上一道菜，便摇一下头，最后只下令说要一杯中国茶。站在栏杆后的几位东印度公司大班一脸无奈，纷纷退去。④（图 19）

图 19 "宴请关部大人"(Feasting the Grand Hoppo)
图片来源：书影撷取自 Charles T. Downing, *The Fan-Qui or Foreigner in China*, Vol. Ⅲ, London, Henry Colburn, Publisher, 1840。

外国人在广州食用的菜式和相关的生活习惯，在上文提到的那位奥地利女旅行家的游记中，有更详细的记载：

每天早上起来，他们会在睡房喝一杯茶，然后洗个冷水澡。9点左右，他们便吃早餐。早餐包括炸鱼或炸肉排、冷烤肉、水煮鸡蛋、茶、面包和牛油。每个人接下来便开始工作，一直到正餐（dinner）时间，一般在 4 点左右。

正餐包括海龟汤、咖喱、烧肉、烩肉丁和酥皮糕点。除了咖喱之外，所有菜都是英式做法——虽然厨子都是华人。甜品有奶酪，水果如菠萝、龙眼、芒果和荔枝。中国人认为荔枝是世界上最好的水果，能吃的是白色软软的部分，核是黑色的。龙眼稍微小一些，但也是白色和软软的。尽管吃起来比较水润，但这两种水果对我来说都不怎么样。我不觉得这里的菠萝特甜，或有着我们欧洲温室种植的品种的奇异香味，尽管它们大很多。

葡萄牙酒和英国啤酒是常见的饮料，两种酒都伴以细碎的冰块，冰块是用布盖住的。这些冰块得老远从北美运来，代价不低。傍晚的时候，则有茶侍候。⑤

她这段描述十分有趣——"除了咖喱之外，所有菜都是英式做法——虽然厨子都是华人"。也就是说，华人厨子掌握了上述正餐中的"海龟汤、咖喱、烧肉、烩肉丁和酥皮糕点"的"英式做法"。其中，所谓"英式做法"的"海龟汤"（turtle soup after English fashion），我已另文详论，这里只作简单综述。这里的"海龟"，理论上是指 17 世纪以降航行至美洲的欧洲海员在加勒比海捕获的绿海龟，由于躯体庞大，足以供多人食用，是航海人员肉食补充的重要来源。其后这种食物和吃法以"西印度式"（the West India Way）的包装见诸英国食谱，配以东南亚香料和马德拉酒（Madeira wine）调味，在 18 世纪发展成所谓"英式做法"，成为上层人士身份的象征，至 18 世纪末 19 世纪初在中产阶级中普及起来，在酒馆和市长大规模的宴请中都可以吃到。到了 19 世纪中，这种吃法其实在英国已显得过时甚至遭到抨击，尽管随着罐头的发明，海龟汤或用小牛头做的"假冒海龟汤"

(mock turtle soup)也是消费者的一种选择。因此，那位奥地利女旅行家 1847 年在广州见到的，其实是欧洲尤其是英国驻外人员一种"滞后"的生活方式（包括下午 4 点便吃正餐，此时英国晚餐的时间已随着适应工业社会的上下班时间而延至晚上 7 点至 8 点）。类似的现象，在英国的某些殖民地如牙买加也能看到。⑧换言之，服务于广州口岸的中国厨子其实是在帮外国主家"复制"他们对祖家的物质和文化生活的追求与想象，这种"复制"不无夸张与放大，试问这些英国驻外人员回到祖家又怎可能享受这种生活呢？与此同时，这种"复制"也体现了跨地域的混作（fusion）和知识转移——由中国厨子炮制，用上本地和外地的食材——估计海龟不过就是本地龟，调味料如东南亚的香料在广州已早有用之，马德拉酒对服务洋人的中国厨子来说也不陌生。

更饶有趣味的是，中国厨子学到和传授的，是所谓"英式"西菜的做法和说法。做法固然会因地制宜，有所变通，而冠以地名的说法，正如"扬州炒饭"一样，则很可能成为日后中国人做西餐的一种卖点。到底中国厨子早期是怎样学会做西菜的，我们暂时还没有找到相关的资料。上文提到，德拉诺为了弄两个米布丁，还得看食谱，意味着洋商可能带了些食谱到广州，但我们可以估计，广州的厨子并不具备阅读这些食谱所需的英文能力。有些说法是，尽管他们的洋主人大多不会做饭，但停靠在黄埔泊地的外国水手，总有能做西菜的，中国厨子说不定就是跟这些水手学的，毕竟技艺还是得靠口传心授和模仿尝试来学习。除了厨子之外，其他中国仆人为了和主人沟通，至少得学会各种西菜、西方食品和用品的中文或英文叫法；或者倒过来说，愿意学习中文的外国人，也需要知道如何用中文表述这些东西，以便给他的仆人发出正确的指示。中国仆人和厨子可能识字不多，更不太可能留下什么文字记录，在没有其他文献的情况下，19世纪出版的中英文词典，以及帮助外国人学习中文和帮助中国人学习英文的书籍，便成为我们可以用来猜度在洋人家庭工作的中国仆人有可能具备什么知识的线索。

马礼逊1828年在澳门东印度公司出版的《广东省土话字汇》便收入了一些西方食品的词汇。1839年裨治文在澳门出版的《粤语文选》，也列举了不少西式餐具如"吉时杯"（Custard Cup）、"三鞭酒杯"（Champagne glass，即香槟酒杯）、"红酒杯"（Claret glass）、"糖羹"（sugar spoon）、"盐羹"（salt spoon），食品如"咖啡"，饮食方法如"爱牛奶嚟撞茶"等。⑩卫三畏在1842年出版的汉语教材《拾级大成》（*Easy Lessons in Chinese*）中，专辟"主仆通话"（Conversation with a servant）一节，其中教授主仆间的粤语对话便有：

主：拈个火嚟等我封呢封信，快的。

仆：寄去边处呀？

主：寄去美士地（Mr. T）行，叫管店（coolie）快拧去，我都怕太迟咯。你识得个人系边处住唔呀？

　　仆：识得，系黄旗行第三沓。

　　主：抆好呢张个木台的墨水、笔、火漆印、纸刀、纸压、界尺、钟仔、铅笔、火漆、水漆纸，一总抆好佢啰。⑧

上文大意是主人命仆人以火熔蜡把信封黏合，让管店带到"地先生"的商行，仆人表示知道该行地址所在。接下来主人又命仆人在书桌上备好墨水、笔、火漆印、纸刀、纸压、界尺、小钟、铅笔、火漆、水漆纸等文具。这个仆人，当然要十分熟悉欧式文具甚至其用法。

　　接下来的另一段主仆对话，更活脱脱地展现了一张菜单：

　　主：问买办想去买乜野，做今日大餐，有四位人客嚟呢处添。

仆：佢话预定做蟹汤、焓石斑鱼、局蚝、烧猪仔、吉列鸡、羊排骨、局薯仔、蛋菜、萝卜粉、铁钯葱牛肉、红薯、橙哒、牛骨髓布颠、燉吉时、牛奶饼、饼干、两三样果子、酒、啤酒。

主：话佢知咁够咯。㉟

　　洋主人让中国仆人问买办今天要买些什么食材款待四位来宾，仆人报告出一份长长的餐单，主人让他告诉买办分量足够了。其中"局"（"焗"，即"烤"，bake）明显是西式的做法，"铁钯"是指铁丝烤架，用以烤炙肉片㊵。更有趣的是，"吉列""哒""布颠""吉时"分别是英语"cutlet""tart""pudding""custard"的粤语音译词汇，"哒"是一个通过加"口"字偏旁造出来用来表示外文的粤字，这种做法在粤语中十分常见，以粤音念英语再以方块字指代更比比皆是，通常加上一个"口"字作左偏旁的，表示该字要以高音声调（一般即上平声）念出。后来全国通用的"啤酒"这个词，早在 1828 年出版的《广东省土话字汇》中则是以"大卑""小卑"的面貌出现的：

BEER, The Chinese have none; they call it, 卑酒 Pay tsaw, i. e., Beer liquor, 细卑 Sei pay; Small beer; 大卑 Tai-pay, Large beer, i. e. Porter.[④]

那么，当时的中国人吃"西餐"又会是什么反应呢？著名的《广州"番鬼"录》(The "Fankwae" at Canton)的作者威廉·亨特(William Hunter)在他另一部著作《旧中国杂记》(Bits of Old China)中，提到他在广州请一位卢姓(音译，Lo)的中国邻居吃西餐，该邻居带上另一位中国朋友一同赴会，未几该朋友写信给京城的亲人，谈到这顿西菜时嗤之以鼻。提及咖喱拌饭时，他说"饭是合我口味的"，但那"绿色和白色的东西，味道太浓烈了"；谈到吃奶酪时要喝"一种像泥浆般的红色液体，泡沫溢出杯面，弄脏衣服，这东西叫啤（Pe-Urh），想想也叫人难受（think of that）!"这封信教卢先生和亨特都忍俊不禁。更有趣的是，亨特补充说，很可能是由于另外两个行里的洋人的建议，他们的厨子弄着玩地往咖喱里加了特多的辣椒，味道因而变得浓烈。这个厨子名叫"Suy-Pe"，大抵也是在广州或邻近地区土生土长的中国人吧。㊷

三、事仔的尊严，事头的感情

正是这些日常生活的知识，使得这些华仆对"洋人"和"洋器"不会感到陌生，不会认为"洋气"值得阿谀吹捧。也可能因为这样，这些华仆似乎都有一套应付洋人的方法与态度，显得不卑不亢，甚至"反客为主"。毕竟，他们感觉自己才是这个国度的主人。洋商对华仆的第一印象，往往都不怎么好。唐宁就有这样的评论：

骤看之下，中国仆人是世界上最闷蛋最蠢的仆人，最让你感到不耐烦的，是他们的顽固和独立。看着他们拖着那双厚底鞋走路，把双手藏在那又长又松的衣袖里，你会觉得他们的所作所为不会好到哪里去……

但他接着说：

不过，人们一般认为，你要多认识几个这样的仆人，才能下判断。在下任何判断之前，你需要有自己的仆人，并且和他们相处几年。在广州的外国居民一般认为中国仆人不错，并经常委以重任。他们负责管账、点算以及总管一切杂务。那些侍奉在商人左右的仆人很少会依附着他，但一般都很认真、诚恳和勤劳。他们很稳重，虽然动作慢一点，但却可以依赖。当他们习惯了主人的语言和需要之后，他们表面的鲁钝也就消失了。[43]

哈丽雅特·洛在 1829 年 10 月给她姐妹的书信中，也提到家里华仆的情况：

> 在这里，我们不能像在美国一样去管家。那些仆人一定要按照他们的方法去办事，所有事情都由买办或管家头打点。在火头之下，有一个僮仆，两个管店（coolies），一个看门（porter）。他们分工清楚，做事按部就班。我们都很喜欢他们做的菜。[44]

1833 年 11 月，洛举家离开广州和澳门返回美国，把他们的中国仆人阿煜（音译，Ayok）带上。她叔叔威廉·亨利·洛途经好望角时不幸辞世，时 1834 年 3 月 22 日。哈丽雅特·洛在 4 月 13 日的日记中写道："阿煜走来跟我说，他中午时到他主人的坟墓拜祭了。他问我们是否有这样的习俗，我说我们没有。他充满感情地说，他认为这样的习俗很好，他们一年扫墓两次的。"阳历 4 月正是清明时节，阿煜一定是趁着清明去拜祭他主人的新坟。哈丽雅特·洛继续说，她对阿煜这种关切之情感到安慰，也从来没有碰过一个中国人像他这样能让人有好感。她甚至说："我们有点离不开他了，他是那么忠诚。如果他愿意继续为我们服务，我们会觉得很幸运。"⑤

1834 年 7 月，哈丽雅特·洛把阿煜带到伦敦圣詹姆斯公园（St. James's Park）游玩，但"可怜的阿煜引来那么多的注意，我相信他一定恨不得脱掉他那身中国衣裳"。阿煜可说是"子承父业"，其父阿分（音译，Afun）在广州为东印度公司的一位苏格兰医师托马斯·科莱奇（Thomas R. Colledge）当仆人。某次，科莱奇为一位中国妇女看病，阿分和该妇人的儿子，还有一个眼部缠上布条的病人也在场，这个情景被画家乔治·钱纳利（George Chinnery）入画了。（图 20）画中的科莱奇

图 20 "科莱奇医生与助手阿分在眼科医院"，澳门，1833 年，乔治·钱纳利绘，皮博迪埃塞克斯博物馆藏。George Chinnery, Dr. Thomas Richardson Colledge and His Assistant Afun in Their Ophthalmic Hospital, Macau, 1833, Oil on canvas.

图片来源：Peabody Essex Museum. Gift of Cecilia Colledge, in memory of her father, Lionel Colledge, FRCS, 2003. M23017.

医师正跟阿分说话，阿分非常认真地聆听着，与此同时，妇人的儿子大概正要给阿分递上一张谢帖。这张画后来被带到伦敦，哈丽雅特·洛带了阿煜去观看，阿煜也许并不太懂得欣赏这种油画艺术，更不会揣摩到钱纳利要把他父亲描绘出一副忠心耿耿的模样的心意，一看到是自己的父亲，竟然忍不住爆笑起来！[40]

福布斯在家书中也提到他和中国仆人相处的一些细节，看得出他对他们既不完全信任，但也予以一定的关怀。有一回，他把他小儿子的画像给事仔阿豪（音译，Aho）看，之后还把有关细节告诉他的妻子：

阿豪进来我的房间看了这幅画，马上说他的嘴巴和下巴像你，脸的上半部是我的。我把你的微型肖像给他看，他说，如果我不告诉他那是你的肖像，他不会知道那是你。他说："这怎么像一个50

岁的女人，福布斯太太不会超过 28 岁！"⑰

　　阿豪说的这种客套话是我们不会感到陌生的，福布斯对他也比较信任，甚至关心到他的孩子，但对于另一个事仔，就没有那么信任了。在另一封家书中，福布斯对妻子有以下嘱咐：

　　　　阿豪有个一个月左右大的儿子，给他送一点小袜子和手套等东西吧。也送一点给我的事仔（boy）吧，他的太太也要给他生个孩子了——除非他为了不想跟我 10 号去澳门，又再撒谎？——这些中国人很想回家的时候，一般都会说他们的父亲或母亲刚刚去世，这个事仔已经葬了他的父母亲好几次了，可能现在得另找借口。⑱

洋商和华仆建立了一定的关系和信任，甚至会把他们带到国外工作，然后辗转又带回中国继续服务。福布斯便提到一个叫阿绍（音译，Ashew）的华仆，曾被带到波士顿为他妻子的表亲科普利·格林（Copley Greene）服务，后来，这个阿绍又回到澳门，碰到福布斯，福布斯便聘他作自己的仆人。[49]

福布斯的弟弟约翰·默里·福布斯（John Murray Forbes）跟他的兄长一样，也在广州做生意，在他一封发给表亲约翰·顾盛（John Cushing）的信件中，就提到他们把华仆送到国外去的细节：

亲爱的先生：

我已经把以下由你以前的买办介绍的四个中国人送到"首领号"（*Sachem*）上去了。他们分别是：

阿勒（音译，Aluck），厨师，据说是一流的。

每月10元。预付了一些工资给你的买办为他添置行装。从1835年1月25日算起，一年的薪水是120元。他从你那里每月收取8元，我和他定好，把剩下的2元每月交给他在这边的父亲。

阿宋（音译，Asoong），仆人，15岁。每月8元，给他预支96元，添置行装。以旗昌洋行的名义给他开了一张单子，在年底的时候会把他全部的月薪付给他父亲。

阿松（音译，Acong），仆人，15岁。每月8元，给他预支96元。以旗昌洋行的名义给他开了一张单子，从1835年1月25日算起，支付他一半的薪水，另一半由你支付。

阿谦（音译，Ahim），自称为很周到的仆人，曾经跟勒伯恩海先生（Mr. Labonehire）去过法国，勒伯恩海和其他人均对他大力推荐，每月12元，这里预支他 144 元，添置行装，他全部的薪水将由你支付。他是阿宋的兄弟。你一旦选择妥当又找到回航的船只，可以把他们任何一个或全部送回来，不过，他们答应了按照已经定好的薪水，在到达美国后为你工作 3 年。附上他们预支薪水的收据和他们用中文写的表示愿意为你工作的合同，每个人都签了名字。我为每个人的船位各付了 200 元。我曾经努力找过别的航班，但都不得要领……附上（船务）总监的收据合共 800 元，他答应好好对待他们，给他们吃得好好的。我也告诉了厨子，如果船长希望他下厨，他也可以为船舱的人做饭。[50]

这段时期被带到美国任事仔的华人，跟后来的"契约华工"应该是不可同日而语的。

我们知道，19 世纪中以后赴香港、三藩市、纽约等埠头和英国各地打工的粤人，有不少是给外国人当仆人和厨子的。[51]上引"主仆通话"的内容，在 19 世纪中后期出版教授外国人学中文尤其是粤语的书籍中，仍一直沿用不衰。1888 年在广州和上海首次出版，其后至 20 世纪 30 年代仍一版再版的《进阶粤语》(*Progressive and Idiomatic Sentences in Cantonese Colloquial*)，便有很多用主人吩咐的口吻所作的会话，如"呢封系紧急文书，你咪阻悮日期"(这是一份紧急的文书，你不要延误日期)，"呢的面包局晓有几耐?"(这些面包烘了多久?)，"等火炉热至挤落去局"(等火炉热了才放进去烤)，"呢的咖啡燶嘅换过的嚟"(这些咖啡都焦了，换一些过来)，"为乜事个管店要打斧头呢?"(为什么管店在代买东西时从中占小便宜呢?)，"如果个事仔系仔细，唔驶打崩只碟?"(如果那个仆人够谨慎，就不会摔坏盘子)，等等。[52]此书一版再版，迟至 1931 年，香港的别发图书公司还有出版，可见此时外国人仍感到有学习粤语的必要，好跟"沙文"和"做厨"沟通。另外，华人为洋人打工，当"沙文"和"做厨"，到 20 世纪上半叶，在海内外许多新兴的海港城市，是十分普遍的现象，而在语言的问题上，华人雇员的英语能力，还是比洋人雇主的中文（粤语）能力为佳。

四、最卑微却最前沿

华仆在与他们的洋主人相处的过程中，由于身份与文化上的差异，产生隔阂乃至冲突都在所难免，但朝夕相处，以及在服务时为了适应西方人的生活方式，令他们有更多机会受到西方物质文化的濡染。他们学到的日常生活的知识，包括衣食住行和语言等，是当时的私塾和科举教育不会提供的，也并没有纳入后来所谓"西学"的范畴，但这何尝不是一种有助于他们谋生甚至终能致富的"西学"呢？阿分和阿煜的故事，也提醒了我们这种职业往往是"子承父业"的。在一心以考取科举功名为业的人的心目中，为洋人当仆役也许十分卑微，但像阿煜这样的小孩，自小便跟着父亲在夷馆区出入，很容易便学会一两句英语，驾轻就熟地当上洋人的"事仔"。阿分和阿煜的经历，也是黄东年少时在广州服务布莱克船长的写照。我们可以想象，时至19世纪，广州和澳门有着许许多多的阿分和阿煜，他们或多或少都听过黄东的故事。黄东、阿分、阿煜和许许多多的"阿×"，也不会不知道，他们为洋人打工，在官员文人甚或其他民人的眼中，显得龌龊可疑，是所谓"无赖民人"。然而，在为洋人提供服务的群体中，还有一群被称为"疍家"的船民或水上人，身份比仆人更卑微，在官方文献里更经常被贴上"汉奸"的标签，不过，他们在处理"洋务"时，却往往站在更前沿的位置，他们就是下一章要讨论的主角——"引水人"。

注 释

①　德莱尼太太的说法转引自故宫博物院编：《英国与世界(1714—1830年)》，383页，北京，紫禁城出版社，2007。

②　有关"Mr."在18世纪英国社会的意涵，得牛津大学沈艾娣教授指教。

③　B. V. Pires, "Origins and Early History of Macau," in *Macau: City of Commerce and Culture*, 2nd edition: Continuity and Change, ed. R. D. Gremer, Hong Kong, API Press Ltd. , 1991, p. 11.

④　梁嘉彬：《广东十三行考》，101页，广州，广东人民出版社，1999。

⑤　1英亩约合4 047平方米。

⑥　梁嘉彬：《广东十三行考》，347～355、379页，广州，广东人民出版社，1999。

⑦　Samuel Wells Williams, "Recollections of China prior to 1840," *Journal of the North-China Branch of the Royal Asiatic Society*, New Series No. VIII, Shanghai, 1874, pp. 11-12.

⑧　(清)梁廷枏总纂，袁钟仁校注：《粤海关志(校注本)》，484～488页，广州，广东人民出版社，2002。

⑨　宫中档朱批奏折，转引自中国第一历史档案馆、澳门基金会、暨南大学古籍研究所合编：《明清时期澳门问题档案文献汇编》(一)，339页，北京，人民出版社，1999。

⑩　(清)梁廷枏总纂，袁钟仁校注：《粤海关志(校注本)》，549 页，广州，广东人民出版社，2002。

⑪　同上书，556 页。

⑫　同上书，561 页。

⑬　同上书，565 页。

⑭　John Robert Morrison, *The Chinese Commercial Guide*, published by the author, 1834, pp. 47, 57.

⑮　《红毛买卖通用鬼话》(荣德堂本)、《红毛番话贸易须知》(富桂堂本)、《红毛通用番话》(成德堂本、省城璧经堂本)等(出版年不详，无页码)，都有收入"沙文"这个用粤语拼音的英文词汇。各书收入在内田庆市、沈国威编著的《言语接触とピジン：19 世纪の东アジア》(东京，白帝社，2009)中，详情见本书第四章。

⑯　Robert Morrison, *Vocabulary of the Canton Dialect* 广东省土话字汇, Part I, English and Chinese, Macao, Printed at the Honorable East India Company's Press, 1828, servant 条，无页码。

⑰　E. C. Bridgman, *Chinese Chrestomathy in the Canton Dialect*, Macao, S. Wells Williams, 1839, prefaced 1841, p. 169. "1839"是印在此书上的出版年份，据卫斐列《卫三畏生平及书信：一位美国来华传教士的心路历程》(Frederick Wells Williams, *The Life and Letters of Samuel Wells Williams*)(顾钧、江莉译，52～53 页，桂林，广西师范大学出版社，2004)，此书最初的编纂者为裨治文，其中第一部分的印刷工作在 1837 年就开始了，后来卫三畏做了许多增补工作，在 1841 年亲自印刷成册。这段话大意是："这家洋行一共雇了多少人呢？九个。做些什么呢？三个仆人，三个管店，一个看牛郎，一个守门人，一个厨师。他们收多少工钱呢？仆人每人五个银元，管店和守门人每人四个银元，厨师七元，看牛郎三元。每月共支工钱四十元。"按其所列各类工钱计算，总数应为 41 元。

⑱　E. C. Bridgman, *Chinese Chrestomathy in the Canton Dialect*, Macao, S. Wells Williams, 1839, prefaced 1841, p. 169.

⑲ *Description of the City of Canton*, Canton, 1839, pp. 116-117.

⑳ Edmund Roberts, *Embassy to the Eastern Courts of Cochin-China, Siam and Muscat; in the U.S. Sloop-of-War Peacock, David Geisinger, Commander, During the Years 1832-3-4*, New York, Harper & Brothers, 1837, pp. 130-131.

㉑ Phyllis Forbes Kerr ed., *Letters from China: The Canton-Boston Correspondence of Robert Bennet Forbes, 1838-1840*, Mystic, Connecticut, Mystic Seaport Museum, INC., 1996, p. 143, 1839 年 8 月 8 日记当年 3 月 29 日事。据编者说, 福布斯此批信函, 乃以"日志的形式"(writing letters in journal form)书写。编者没有附整理凡例, 而部分日期又并非按顺序排列, 使用时颇觉凌乱。从前后文看, 我认为该书信集中所记日期有两种情况: 写有收信人(有时也有发信地点)的应该是发信日期, 没有写收信人及地点的则似乎是记事日期。部分记事日记只记星期, 月日只能从前后文判断, 但由于部分发信日期的月日与星期不符, 判断因而难以完全准确。有关情况会在使用到此书信集的每个注释中做出说明。

㉒ Josiah Quincy, *The Journals of Major Samuel Shaw*, the First American Consulat Canton, Boston, W. M. Crosby and H. P. Nichols, 1847, p. 184.

㉓ Elma Loines, *The China Trade Post-Bag of the Seth Low Family of Salem and New York, 1829-1873*, Manchester, Maine, Falmouth Publishing House, 1953, p. 161 (dated October 17, 1833).

㉔ 艾达·劳拉·菲佛(Ida Laura Pfeiffer, 1797—1858)从维也纳出发, 经巴西里约热内卢, 到达中国澳门和香港, 再去新加坡和锡兰(今斯里兰卡), 横跨印度次大陆, 经波斯和小亚细亚返回欧洲, 作为一个女性, 这样的世界旅程, 实属壮举。有关广州的描述, 见其著 *A Woman's Journey Round the World*, London, Office of the National Illustrated Library, preface 1850, pub. 1852(?), p. 95。

㉕ Samuel Wells Williams, "Recollections of China prior to 1840," pp. 11-12.

㉖　Samuel Wells Williams, "Recollections of China prior to 1840," pp. 11-12. 又，《林则徐日记》道光十九年二月十四日(即公历 3 月 28 日)条，提到官府"给赏夷众牛羊食物"事，见中山大学历史系中国近代现代史教研组、研究室编：《林则徐集·日记》，334 页，北京，中华书局，1962。

㉗　Phyllis Forbes Kerr, *Letters from China*：*The Canton-Boston Correspondence of Robert Bennet Forbes*, *1838-1840*, p. 111, 发信日期：1839 年 3 月 25 日。这里提到的"东印度军队的仆人"，原文作"lascar"，也可解作"东印度水手"。

㉘　同上书, p. 112, 记事日期：1839 年 3 月 27 日。

㉙　Phyllis Forbes Kerr, *Letters from China*：*The Canton-Boston Correspondence of Robert Bennet Forbes*, *1838-1840*, pp. 113-114, 记事日期：1839 年 3 月 29—30 日。

㉚　同上书, p. 115, 记事日期：1839 年 4 月 1 日。

㉛　同上书, p. 119, 记事日期：1839 年 4 月 19 日。

㉜　同上书, p. 113, 记事日期：1839 年 3 月 29 日。

㉝　可参见拙文"Chopsticks or Cutlery? How Canton Hong merchant entertained foreign guests in the eighteenth and nineteenth centuries?", in *Narratives of Free Trade*：*The Commercial Cultures of Early US-China Relations*, ed. Kendall Johnson, Hong Kong, Hong Kong University Press, 2012。

㉞　Charles T. Downing, *The Fan-Qui or Foreigner in China*, Vol. III, London, Henry Colburn, Publisher, 1840, pp. 81-86.

㉟　Ida Laura Pfeiffer, *A Woman's Journey Round the World*, p. 96.

㊱　May-bo Ching, "The Flow of Turtle Soup from the Caribbean via Europe to Canton, and its Modern American Fate," *Gastronomica*：*The Journal of Critical Food Studies*, Vol. 16, Number 1, pp. 79-89.

㊲　E. C. Bridgman, *Chinese Chrestomathy in the Canton Dialect*, Macau, 1839, pp. 138-139, 143, 162, 164. "爱牛奶嚟撞茶"是粤语，意即

"用牛奶来冲茶"。

㊳　［美]卫三畏：《拾级大成》，92～93 页，澳门，香山书院梓行，1842。当中的粤语用词和文法，已与今天略有不同。

㊴　同上书，92～93、96 页。各种食品在原文对应的英语词汇是：crab soup, boiled garoupa, shell-fish, roast pig, cutlet chicken, mutton chop, baked potatoes, greens and eggs, hashed turnips, onions with beefsteak, sweet potatoes, orange tarts, suet pudding, custards, cheese, biscuit, fruit of two or three kinds, wines and beer。原文"橙"误植为"燈[灯]"字。

㊵　见 E. C. Bridgman, *Chinese Chrestomathy in the Canton Dialect*, Macau, 1839, p. 160 有关"铁钯"的说明。

㊶　Robert Morrison, *Vocabulary of the Canton Dialect*, Part I, English and Chinese, no pagination, entries under "B."

㊷　William Hunter, *Bits of Old China*, London, Kegan Paul, Trench, & Co., 1885, pp. 39-40.

㊸　Charles T. Downing, *The Fan-Qui, or Foreigner in China*, Vol. I, pp. 267-268.

㊹　Elma Loines ed., *The China Trade Post-Bag of the Seth Low Family of Salem and New York, 1829-1873*, p. 32 (Harriett Low's letter to Mary Ann Low, dated 2 October 1829).

㊺　Nan P. Hodges and Arthur W. Hummel eds., *Lights and Shadows of a Macao Life*：*The Journal of Harriett Low, Travelling Spinster*, Part Two 1832-1834, Alberta, Quality Color Press, 2002, p. 731 (dated 13 April 1834).

㊻　Nan P. Hodges and Arthur W. Hummel eds., *Lights and Shadows of a Macao Life*：*The Journal of Harriett Low, Travelling Spinster*, Part Two 1832-1834, pp. 769, 771-772 (dated 15, 17, 19 July 1834).

㊼　Phyllis Forbes Kerr, *Letters from China*：*The Canton-Boston Correspondence of Robert Bennet Forbes, 1838-1840*, p. 150, 1839 年 8 月 7

日记当年 3 月 3 日事。

㊽ 同上书，p. 142，记事日期：1839 年 8 月 2 日。

㊾ 同上书，p. 77，发信日期：1838 年 12 月 18 日星期四。接下来的一段提到 Ashew 的记事日期只写了"星期六"，查 1838 年 12 月 18 日实为星期二，前后的星期六分别是 15 日和 22 日。

㊿ John Murray Forbes to John P. Cushing, from Canton, 26 January 1835, Forbes' Family Volume, Vol. F-6, Baker Library's collection, Harvard University.

○51 有关中国人 19 世纪中后期往英国当仆人的情况，可参见 Barclay Price, *The Chinese in Britain*：*A History of Visitors and Settlers*, Gloucestershire, Amberley Publishing, 2019, Ch. 4, "Domestic Service"。

○52 A. A. Fulton, *Progressive and Idiomatic Sentences in Cantonese Colloquial*, American Presbyterian Mission, Canton, Hong Kong, Kelly and Walsh, pp. 28, 53, 79, 97, 98. 初版 1888 年，目前较常见的是 1931 年香港别发图书公司(Kelly and Walsh)的版本。

水上人引水

在清代的珠江口，还有一群社会地位比为洋人打工的仆人和家厨看来更卑微的人，他们就是靠给洋船提供服务为生的"水上人"。他们往往被称为也自称为"疍家"，在陆上备受歧视，比事仔更"小人物"，但他们船生水养，偌大的洋面正是让他们接触大世界的大舞台。洋船抵达珠江口，在驶近天朝大国之前，外国船员见到的第一个中国人，往往就是他们。我们因此可以说，这些水上人在海洋贸易中担演的角色，比谁都要"前沿"，也就是在这个中外交往的过程中，他们跟仆人和家厨一样，学会了好些西方知识，接触到不少西方事物。他们，就是本章要描述的"引水人"了。

一、上船引入，星驰禀报

在 16—19 世纪华洋海上贸易的格局中，珠江口的船民担当的一个十分重要的角色，便是"引水人"（英语称为"pilot"）。有关引水人的工作，范岱克（Paul A. Van Dyke）在《广州贸易——中国沿海的生活与事业（1700—1845）》（*The Canton Trade：Life and Enterprise on the China Coast，1700-1845*）一书中，已专辟一章详述。范岱克指出，对于欧美船员来说，从澳门到虎门再进黄埔这一段航程是异常危险的，非有本地人作引水人不可。早在一本 1569 年出版、以葡萄牙语著述的有关中国的书籍中，便提到一个在澳门为葡萄牙人作"pilot"（领航员）的中国人，在被中国官员盘问与其有涉的葡萄牙人有否进行海盗活动时，如何口不对心，见风使舵。[①]这个"pilot"很可能就是"引水人"。该书作者加斯帕·克鲁兹(Gaspar da Cruz,？—1570)神父属天主教道明会(Order of Saint Dominic，又译作多明我会)，约在1555—1556年到印度西岸和马六甲设立传教团，于1556年在广州逗留了数周，其在广州所得的印象加上一些道听途说的见闻便成为他撰写这个"中国报告"的主要资料来源。

对于中国官员来说，及早通过民人对外商进行监控，亦属海防一大要务，引水人因此是官方十分倚重的情报人员。澳门同知印光任在乾隆九年(1744)议曰：

> 洋船进口必得内地民人带引，水道最为紧要，请责县丞将能引水之人，详加甄别。如果殷实良民，取具保甲、亲邻结状，县丞加结，申送查验无异，给发腰牌、执照准充，仍列册通报查考。至期出口等候，限每船给引水二名，一上船引入，一星驰禀报县丞，申报海防衙门，据文通报，并移行虎

门协及南海、番禺，一体稽查防范。其有私出接引者，照私渡关津律，从重治罪。[②]

由此可见，引水人实际上是在官府发牌监控下才能担任此职的，而且理论上每次每船得有两人，"一上船引入，一星驰禀报"，即前者引路，后者尽快向官府提供洋船情报。我们可以想象，会有一些人漠视官府的措施，不领牌照。因此，在官府眼中，便有"匪徒冒充引水，致滋弊窦"。到嘉庆、道光年间，又屡屡重申引水人需领牌才能执业的措施。[③]外文资料也显示，引水人有"sea pilot"和"river pilot"之分。所谓"sea pilot"，应该就是又称为"outside pilots"（中文称为"鱼引人"）的引水人。[④]这类引水人引领洋船经"Macau Road"（澳水路）进入澳门，是无须向中国官府取得执照的。[⑤]也因为没有牌照，他们不能继续带领洋船经虎门进入黄埔。[⑥]

虽说引水人必须是"内地民人"，且要"取具保甲"，但垄断这些引水业务的，无疑是熟悉水性、平日大多以捕鱼为生的水上人，对陆上人来说，他们是否"内地民人"，能否轻易取得保甲结状，又另当别论。没有疑问的是，水上人在海上的群体组织力量，不能小觑。18世纪英语世界出版的曾踏足中国的欧洲航海家的游记，每当讲述他们的船打算先到澳门再进广州时，都会提到如何在伶仃洋上物色本地船民作引水人的经历。1742年10月，由乔治·安森（George Anson）船长领导的"百夫长号"（Centurion）从台湾以南出发，往澳门方向航行，在11月初临近澳门的某个夜半，正在守候至天明时，极目四望，皆为中国渔船，安森才赫然发觉，"百夫长号"正身处在几近6 000艘中国渔船当中，每艘渔船由三至五人操持。安森说，此情此景并不稀奇，越往西走，就会发现沿岸几乎都布满渔船和船民。他们最初也犹豫是否应该找一个船民当向导，未几因为越来越多渔船靠近"百夫长号"，便决定姑且一试。安森说：

我们决定试试给他们展示几个银元，引诱他们一下。对于各阶层各行业的中国人来说，这是最具诱惑力的饵。可是，我们无法引诱他们上船，也未能从他们那里得到什么指引。我认为唯一的困难在于我们无法跟他们沟通，只能用手势，其实，我们已经不时说出"Macao"这个词，但我们有理由相信，他们将之理解为另一个词了，因为他们有时会向我们提起一些鱼示意，我们后来知道，鱼的中文读法跟 Macao 有点类似。[7]

在无计可施的情况下，安森只能靠自己继续航行。到了 11 月 5 日半夜，"百夫长号"终于靠近大陆沿岸了，这时候，"百夫长号"所在的洋面仍然满布中国渔船，到了凌晨 2 时左右，安森看见在"百夫长号"前方的一艘渔船上，有人在摇着红旗和吹号，最初他以为对方是向他们示意附近有浅滩或愿意提供导航服务，后来才发现这艘船其实是在发号施令，号召全体渔船回岸。其后，"百夫长号"在驶经 Lemma 岛（Lemma Island）[⑧] 时，安森他们尽管仍然无法请得一位中国渔民给他们作向导，但至少有一个用手势告诉他们如何驶经 Lemma 岛附近最深水处。最后，到了 9 号的凌晨 4 点左右，情况终于有了转机，安森说：

> 一个中国引水人登上我们的船，用蹩脚的葡萄牙语跟我们说，他愿意给我们导航，收费 30 元，我们马上付他，并马上准备起航。未几，好几个引水人陆续登上我们的船自荐，并且出示他们之前曾经提供过导航服务的船长的证明。不过，我们还是请首位登船的那个中国人导航。此时，我们知道已离澳门不远了。[⑨]

在这名引水人的带领下，"百夫长号"终于在 11 月 12 日平安抵达澳门。

除了用手势与外国人沟通之外，引水人似乎也能看懂外国船员用火炮发出的信号。1779 年，约翰·戈尔船长（Captain John Gore）领导的"果敢号"（*Resolution*）在经过 Lema Islands（应即上引之 Lemma Islands）后，认为当时的风向十分适合航行至澳门，乃放出一炮，以炮火的颜色表示他们需要一个引水人，这样的信号马上吸引了四只中国船前来争夺生意，结果，他们的船长选择了第一个到达者，以 30 元的代价，让他领航穿越氹仔（Typa，今写作 Taipa）。未几，居然有另一个引水人强行跳上"果敢号"上，坚持要由他来领航，甚至马上掌起舵来，并对帆手发号施令，扰攘一番后，两个引水人终于达成协议，把收入对分。不过，当船顺风行驶了一段时间后，引水人便说海潮与船正逆向而流，未几戈尔船长等人便觉得这两个引水人有误导之嫌。翌日，引水人似乎又犯了同样的错误，在离澳门不远时说无法前进，这很可能是他们讨价还价的借口。为免遭其胁迫，戈尔船长干脆把他们辞退，自己按照上文提及的乔治·安森船长和苏格兰地理学家亚历山大·达林普（Alexander Dalrymple，1737—1808)等人记录的路程和绘制的航海图行驶。[⑩]在当时前往中国的欧美航海人员的笔下，许多引水人都懂得要点讨价还价的伎俩，而这些远道而来的欧美航海人员也不愿意任人摆布，在这种情况下，已有的记载、比例有限的航海图、现场的勘察、实际的操作经验，以及运气，就成为他们的依靠。

范岱克的研究提醒我们，当欧式船只的承载量和吃水深度与日俱增时，珠江口沿岸和岛屿四周却由于沙泥冲积而变得越来越浅，这也意味着恰恰因为欧式船只有所改良，临近中国时，路途却变得更为艰险。然而，在商业利益的驱使下，每年从欧美来华的船只与日俱增，从 18 世纪 60 年代约 20 艘倍增至 19 世纪 40 年代约 300 艘。在这种情况下，欧美船长更不得不依赖本地船民作引水人，而引水人也因为欧美船只数量日增而生意不绝，这种局面一直到19世纪30年代蒸汽轮船开始在珠江水面上逐渐通行才出现变化。

二、引水章程，中英并茂

从外国商人的角度出发，聘得引水人与否是生死攸关之事。要知道，一旦触礁船毁，不但通商无望，更有性命之虞。可能是这个缘故，裨治文编的《粤语文选》中，教学内容除了包括许多日常用语外，还专辟一章名为"引水章程"。[①]较诸中国官方的记载，这份英文、汉字、拉丁化粤语拼音并列的"引水章程"，看来十分实用，许多地名、水道和船只的种类，皆以土名标记，其内容因而也更详尽和具有地方性。该章程开宗明义便说：

> 各国客商来粤贸易，船到见岸，必请熟识水路之人，方敢进港，因山水口深浅不定，是以必请外洋带水，其带水之人，即今之渔艇是也。⑫

此处"带水之人"即引水人，应该是更为地道的叫法。

大海固然往往波涛汹涌，而珠三角许多河道与大海相连，水网复杂，航行亦不容易。到达澳门后，外国船长便需要向驻守前山的中国官员聘请一个领有执照的"澳门引水人"带领他们穿过虎门进入黄埔。⑬从香山县衙设在前山的军民府处取得执照的"澳门引水人"，有责任向中国官员报告他们登上的洋船的船长的名字、其代表的国家、船只的武装情况、船员数以及货品情况等。这就意味着这些澳门引水人，必须具备最低限度的外语能力，向船上的洋人取得有关资料。洋船抵达虎门税馆后，官员会再亲自核对引水人呈报的资料是否属实。⑭

"引水章程"云：

既入了山水口，或寄泊鸡颈头或沙沥或伶仃，船已湾泊，即雇艇埋澳，或自驾三板到澳，叫带水请牌，报明商梢多少，火炮多少，各项乌铳剑刀火药弹子多少，或米或货，报明领牌，带水方能引船入虎门。驾船入虎门，此际带水出入口，工银六十元，以循照上日章程也。

若到虎门，必须寄泊，带水埋虎门炮台呈验船牌，验明何国船只，装何货物来粤，俟带水回船，方能进虎门。[15]

某些例子显示，引水人会向船员三番四次查问船上是否有外国妇女，以防她们越过虎门进入广州。[16]因此，这些引水人在以引水谋生的同时，也成为粤海关控制外国船只进入珠江口的第一道把关人。据范岱克统计，18世纪60年代获军民府颁发执照的澳门引水人共8名，他们为所有的外国船只提供服务，到了19世纪40年代早期则共有 22 名。引水人是需要付牌照费的，有资料显示，某引水人在 1823 年所付的牌照费为西班牙元 600 元。[17]有些引水人在外国航海人员中甚至小有名气，据某外国船的航海日志记载，19 世纪 20 年代"澳门最佳引水人"是一对分别名为阿四（音译，Assee）和阿娣（音译，Attii）的孪生兄弟。[18]

临近黄埔之时，欧美船长便需要通过引水人雇用一些在夜间挂满灯笼的本地舢板，发挥进一步的领航作用。范岱克指出，18 世纪 60 年代时，较大的欧美船只需雇用 30～50 只发挥拖行和浮标作用的舢板（tow and buoy sampans），到了 19 世纪初期，已增至 70～80 只不等。一直到 19 世纪中，这些舢板的收费均为每程西班牙元 1 元，因此它们又被外国人称为"dollar boats"，这应该就是"引水章程"中提到的"笃水船"了。"引水章程"谓：

入虎门一路亦有深浅，必须雇笃水船数只或十余只，每只价银一元，若到蚝墩浅口，笃水必先头竖立物件，以为暗号，洋船看见，便知浅处而过蚝墩。

　　已过蚝墩浅口，又到大蚝头，该处有鱼头石，亦要笃水先行竖立物件为号，以便于过石口也。过了石口，才到黄埔，泊稳船只，带水方能离船，往各关口报明何国船只进口贸易。[⑩]

在上述引文中，"蚝墩""大蚝头""鱼头石"是指海路上容易触礁搁浅之处，明显是本地的说法，而与之相对应的英文写法，则分别是"the Second Bar"（靠近长洲岛的水道）、"the First Bar"（靠近黄埔岛的水道）以及"the Fishhead（or Brunswick）Rocks"（鱼头石）。

　　这条章程也意味着除了引水人之外，还有许多各色各样的船民，驾驶着大小船只，在浩瀚汪洋中分得一杯羹。1828年12月，某外国船长聘用了一个引水人，在驶近黄埔时，该引水人提出要找六只小船负责标记礁石的位置，再找十只负责拖行洋船。船长认为要拖得动洋船，四只小船已经足够，经过一番讨价还价后，为安全和效率计，他还是向引水人妥协，以每只一个银元的价格雇用这些小船，但他也认为这个引水人是会从中剥削的。[⑳]为了指挥这些小船和舢板，引水人逐渐发展出一套细致的信号系统，诸如运用锣鼓、火炬、火箭、不同颜色的旗帜等，方便彼此沟通。[㉑]

既有迎来，自有送走。"引水章程"续云："带水俟船开身回国，仍引船出口，一路过蚝墩，到虎门口，带水亦呈验红牌，然后放行"；"既出虎门到伶仃或鸡颈，带水返，然后扬帆回国也"。[㉒]

三、番鬼银元，真伪莫辨

引水人的收费是跟他们领航的水道的风险程度挂钩的，带进澳门跟带到黄埔收费自然不同，而在当时的情景中，他们在绝大部分情况下收取的都是西班牙银元。

"引水章程"有云："至于带水酬工，必须讲明银多少，或一二十元不定，或五十元不定，看其风之顺逆而取工价，必须船主与他讲明，免至争论。"这个从一二十元至五十元不定的价位，似乎自18至19世纪沿用不衰。1721年11月，乔治·肖福（George Shelvock）船长领导的洋船，是以40银元的代价聘得一名引水人经黄埔进入广州的。[23]本杰明·霍奇斯（Benjamin Hodges）船长在1789年的经验则是：去澳门是15元，到黄埔则是40元。[24]据范岱克统计，1730—1740年，澳门引水人每程收费是25～32西班牙元，之后屡有提价，自1810年开始，每程定为60西班牙元。[25]下列是东印度公司在1825年前开销的各项与引水有关的费用[26]：

入（inwards）	（单位：西班牙元）
从万山群岛（Lema Islands）至澳门	30
从澳门至黄埔	40
给引水人的小费或礼物（Cumshaw）	5
横在蚝墩浅口（second bar）上的十只小船	10
共计	85

出（outwards）	（单位：西班牙元）
在黄埔登船的引水人	16
横在蚝墩浅口（second bar）上的十只小船	10
引水人登船	20
四只横在下面的浅口的船只	4
引水往澳门未付款	4
给引水人的小费或礼物（Cumshaw）	5
共计	59

引水人从他们的外国雇主那儿收到的西班牙银元，在本地称为"花边银"。长年与外国人做生意、打交道，花边银对澳门和广州许多商民来说并不陌生，坊间甚至出售教人辨别真伪银元的书籍。道光二十四年（1844）出版的《绘像银论秘书》，书面页标榜"妇孺可晓，一见就明"，作者以他的个人经历说明这种银书的必要性：

> 癸卯七月，偶过城东，见有夫妇号泣于路者，询知卖女得洋银四十，携回皆伪银也，及往易，已

尽室逃矣。予怜之，赠银如数，使归焉。目思伪银为害甚大，于是精心穷究，以成是书，名曰《银经发秘》，俾阅者开卷即了然心目，庶不至为奸民所愚。若云专论朱提，则固无解予，贻讥大雅也。皆道光甲辰梁思泽识。^⑦

此书作者梁思泽，极有可能是以辨识银子真伪为业的银师（shroff），他自己也说，"时尚识银教习者，遍列市镇，此书虽属添设，却省授受者许多口耳"^⑧。当时活跃在广州的银师，不只验银，还提供各种银行服务。《广州"番鬼"录》的作者亨特说：

不论任何人带来多少银子，银师都会检验，如果需要的话，他们也会亲自到洋行或行商或其他顾客处提供服务。他们收费甚廉，但每年过他们手的银子却数量庞大。在中国人当中，所有的交易都不过是为了钱或其替代品。银师也是兑换店——需要的时候，可以提供银锭、碎银、金块——他们也是银行，提供借贷，收取存款。他们的店子，地上都铺上褐色的地砖，地砖的缝隙，说不定会藏有掉下的银屑，每年年底，会有人愿意提供免费更换地砖的服务，而且还要出钱购买这个特权。我曾听说，有人愿意出 50 两（大约 70 银元）给较具规模的银店去取得这个特权哩。㉙

有趣的是，《绘像银论秘书》的书面页并未出现梁思泽的名字，而是标榜"鹤邑温歧山订正"，并配合绘图，将梁氏《银经发秘》的原书名改为《绘像银论秘书》。㉚作者本来谦虚地说"若云专论朱提，则固无解予，贻讥大雅也"，又说"文理多有粗俗浅易者，原便市肆之用，大雅君子，幸勿胡卢"㉛，但出版商却似乎要提高此书的档次，虽"秘"诀犹存，却非转"经"为"论"不可，还标榜某人订正，以示认真。

无论怎样包装，此书都无疑是一本实用小册，目的是图文并茂，教人如何从"鬼头"（银元上的人像）、"鬼字"（字母，标以英语读音），以及"花边"图案的样式和精粗来辨别银元的真伪。该书中的一幅"花边银"示意图，应该就是1768年铸造的西班牙银元，所配绘图颇能反映实物图案的细节。（图21）

为方便读者记忆，该书还把银元上的图案细节以中文名词表达——"论内所云花草者，统言其宝盖、香炉、蜡台、平天柱、鬼头、鬼字间珠栏牙各物也"⑫——真个是绘声绘色，一目了然。作者还估计读者的识字水平有限，甚至专辟《各字音义》三页，注明书中一些字词的粤语读音和释义。例如，"缠，音前"这个条目，明显认为"缠"对读者来说是生字；"挞，音阀，打也"和"巉巉，音岩蚕，不平也"这两个例子，则因为"挞"字和"巉巉"一词是粤语，要加以解释；但到了"粘连，上音黏，二字

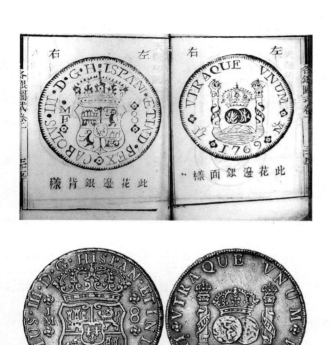

图21 《绘像银论秘书》中的"花边银"与真实银元之比较
图片来源：上图书影撷取自（清）梁思泽著，（清）温歧山订正：
《绘像银论秘书》卷一《各银图式》，34～35页，丹柱堂板；下图
真实银元照片出自网络。

合用即俗云痴埋也"这一条呢，则用粤语"痴埋"来解释"粘连"。③

《绘像银论秘书》还帮助读者学习拉丁字母。书云："鬼字各音，特就声之近似者注之，使学者易于辨论，若究其实，必熟鬼话方得。"④所谓"特就声之近似者注之"，可说是前留声机时期教授朗读外语的方法，而所注之音，自然是"土音"了。注音的同时，还教读者通过标识字形分辨银子真伪。例如，在字体刻画得比较端正的"M"字下面，作者的注释是"此真银鬼字式，音唵"，"唵"字在粤语闭口收音，与英文字母"M"的发音吻合；在故意刻画得不好的"O"字下面，则说明"此伪银鬼字式，外不圆，内不如鹅卵样，形带扁歪巉巉"。⑤（图22）

为什么懂得辨别刻铸的精粗，是那么关键呢？《绘像银论秘书》提到，当时市面流通着许多由本地"奸人"所造的伪银，其中一种名曰"沙勾钱"，又名"澳门沙

图22 《绘像银论秘书》卷一《各银图式》，17～18页

勾"，银面上的字母部分是"澳门土人请番奴写鬼字，取其写惯带方正齐整的"。⑳此外，又有用仿制外国铸银的钢模（中国人称之为"天师印"）来制造的伪银。该书曰：

中国所出之低伪银，俱是本国之伪匠用本地天师印击成的，因本地天师印用铁为皮、铜为心，更有全用铁者。虽用工雕作，总之带软，花草带披浅扁歪，不及番国用上钢所造之坚硬，其工作又精巧，故花草带深企四正，所击出银面之花草鬼字各物，带企凸玲珑，齐整方正，其本地之天师印所击出银面之花草鬼字各物，带扁大披歪，朦暗不明，故有分别。⑦

更讽刺的是，本来是民间用来制造伪银的本地"天师印"，竟曾在乾隆年间被官吏命银匠用来制成一种时称"土铸"的银元通行使用。《绘像银论秘书》说：

土铸：此是前时本省官吏，见纹银本处不通用，而洋银通用，纹银乃十足之银，洋银乃九一之银，间有以纹银换洋银，反要补水与银银者（"银银"疑为"洋银"——引者按），故合本处银匠，将纹银每两除起八分，加八（"八"字疑为"入"字——引者按）白铜八分，较准九二成式（"成式"疑为"成色"——引者按），镕成光面银胚，用本地天师印打出花草击起其边如洋银样，出示令军民等通用。但其天师印无夷人之巧，其洋银之高低，终始如一，鬼头之高九二（"九二"疑为"九一"——引者按），花边之高九二。以鬼头论之，土铸更高也，此时亦渐通行，皆由后来越铸越低，由九二成低至八成，故又不能通行也。⑧

光绪十二年（1886）重刊的《新增银论》，作者应该是位于广东省城打铜街的"苏富源号"的银师，又进一步解释了这种"土铸银"的来历：

一旧银土铸。乾隆年间，纹银太盛，反补水于番银，此时藩台庄大人令银匠将纹银较准九成二高，铸造成员，饬民通用，然倾熔虽高于番银，而色水边栏鬼字，概不及番银之妙，斯时亦颇通行。后来射利之徒，私自勾低，或八成、八五不等，混用不一，其工作均是土铸，难以分别，故后来不行，迄今已久，落炉倾尽，所见亦罕。⑨

由于伪银层出不穷，本地钱庄在接收洋银时，便有查验真伪的需要。每家钱号查验完毕之后，都会在洋银上打上自家的戳印，洋银流经的钱号越多，银面上便越是戳印累累，以致原来的图案字样无法辨认，最后只能以重量来计算其价值。在英语文献中，这种打了印记的洋钱称为"stamped"或"chopped dollars"。[40]

《新增银论》除了像《绘像银论秘书》一般刊刻花边银图外，还用歌诀配图教人辨别"新老花边"。其中有词曰：

> 新旧花边两样分，看来各别贵认真。旧花之心如榄核，新花粒米必须匀。
>
> 叶嘴錾刀还是旧，叶圆含抱即是新。旧者粗疏新带密，朵朵玲珑是真银。[41]

《绘像银论秘书》和《新增银论》都是实用性手册，既是刊刻出版，可见颇有市场，但由于具备一定的专业性，不是人人读得懂。"大雅君子"可能不屑看，不识字的老百姓，更是得物无所用。因此，将知识化为歌诀，经二次传播（识字的人念给不识字的人听），便能进一步普及了。

口诀与歌谣是无文字社会的重要传播方式。曾几何时，即兴创作歌谣，在歌词中嵌入日常生活经验，在大江大海引吭高歌，是水上人表达情感与智慧的惯常做法。我们在下文会谈到，上述的番鬼银圆，还有许多实实在在的"外国事物"，在清代民国流传的水上人歌谣中时有所闻。

四、蹩脚外语，咸水情歌

较诸欧美的航海人员，本地船民在"引水"这个讨价还价的过程中往往处于上风，他们不但熟谙水路情况，更在语言上稍具优势。当时，懂中文的欧美人士不多，但包括引水人在内的许多与外国人打交道的本地人，都多少懂得一点"外语"。范岱克指出，"澳门引水人"是否必须懂一点英语或葡萄牙语才能称职，也许不得而知，但不少资料显示，他们对欧美船只起帆、收帆、起锚、放锚等相关术语都了如指掌。[②] 时人认为，这些引水人"一般都是勤奋活跃的渔民，对自己的工作掌握自如，把船只打理得妥妥帖帖，懂得船上各种绳子的英文名称和如何用英文发号施令"[③]。后来的文献也显示，洋船停泊在黄埔需要修整，船上许多简单的零件都得由当地人制造，因此，相关的名词于他们也不会陌生。剑桥大学藏怡和洋行档案中，有一张中国打铁匠在道光二十三年（1843）"闰七月十三日英 9 月 6 日"给"未士好大宝号"（Mr. Howell）的手写单据，所列的零件便包括："双耳点把"、"罗丝芥止"（俗写，应为"螺丝戒指"）、"三板头揖菇"、"大律螺"、"货钩"、"铁车碌"（粤语，即车轮）、"棋〔旗〕杆铁"、"方罗丝芥止"（俗写，即"方形的螺丝戒指"）、

“三板櫼钩”、“三板泠砵”、“三板钩”等，每种零件并附图样，估计都是洋船所需的铁造零件。[44]其中像“点把”“揖菇”“泠砵”等词，很可能都是英语词汇的粤语音译。

正如上文提及的船长乔治·安森所言，18世纪时，引水人大抵都懂得一点“蹩脚的葡萄牙语”。至于其他船民，包括在船上营生的歌女、妓女和皮条客，也多少懂一点“外语”。另一外国船长查尔斯·诺布尔（Charles Noble）在《1747—1748年东印度航海记》（*A Voyage to the East Indies in 1747 and 1748*）中，提到两名英国水手在一名本地皮条客的带领下去“探险”，那名皮条客硬跟他们提出“Carei grandi hola, pickenini hola?”（意思是“你想要年纪较大的女孩，还是要较小的?”）。诺布尔认为，这种“外语”其实是葡萄牙语和英语加上一些土话的混合体。[45]这类“代理人”，很可能就是在“皮条开埋艇”上谋生的，他们要把客人带到装潢精美的“老矩艇”（妓艇），方算完成任务。[46]

好些女船民也懂得用一两句"蹩脚"的英语跟欧美船员打交道。1769年，从印度乘船返英途经中国的英国人威廉·希基（William Hickey，1749—1830）在他的回忆录中写道：他们在澳门物色好一位引水人后，用了大约30小时才平安抵达黄埔，途经虎门时，附近的小船有不少姿色不俗的女孩，一见到他们，就说起一种"奇怪的术语（jargon）"，她们会对船上的军官喊曰："Hy yaw Massa，you come again. I washy washy for you last voyage；washy washy three piece，one man one catty；I washy washy you three piece."（大意是："哎呀！先生，你又来了，我上次给你洗过衣服哩，洗三件，一位男士一斤，我给你洗三件。"此处"一斤"可能是指"一元"）。原来，她们是专门在港口为外国船员提供洗衣服务的。[47] 不少欧美船员的经验是，抵达黄埔锚地后，他们的船只很快就会被无数由女人操持的舢板团团围着，嚷着要给他们提供洗衣服务；在1789年左右，这种洗衣服务大概是每人一元。

物质文化交流在这种情景下是自然不过的事。引水人从他们的外国老板处除了收到花边银外，还会得到一些其他时称"camsia"或"cumshaw"的小恩小惠，诸如一两片咸牛肉、一瓶朗姆酒（rum），甚至是一些玻璃酒杯。®欧美水手在黄埔岛上待上几个月后，跟给他们洗衣的船家女混熟，会被她们唆使偷窃船上多余的牛肉和饼干等外国食品，又会从她们那里购买当时外国人称为"samtchoo"或"samshoo"（即"三烧"®）的中国米酒。18 世纪末，有外国船员提到，这些中国酒有害外国船员的健康，幸好后来有一位曾寓居槟榔屿的中国人在黄埔岛上酿造朗姆酒并以较便宜的价格卖给他们，情况才有好转，因此，这些船家女都必须时刻紧盯着，以免出乱子。据说，过去只有洗衣妇才容许上洋船，后来情况有所松弛，黄埔岛多少变成烟花之地，每到晚上，领有牌照的船只便满载女孩驶近洋船，这些女孩跟洗衣妇一样，为谋生计，都懂得几句英语、葡萄牙语，甚至印度斯坦语。^㊾由此可以想象，18—19世纪为外国人引水、洗衣和提供各种服务的水上人，还有黄埔岛上给洋人提供各种物资的村民，对洋人、洋物、洋语，不会感到陌生和遥远。

这在水上人擅唱的"咸水歌"或"姑妹歌"中，也有所反映。这种调子，过去长年在珠江三角洲的船民中流行诵唱。船民用对答的方式，循着一定调子和格律，因应情景，即兴创作；也有一些是在艇上谋生的歌女或妓女演唱的所谓"时款"歌词。光绪三年（1877）出版的《羊城竹枝词》收录的其中一首竹枝词，便描绘了在省城内河上唱咸水歌的情景：

渔家灯上唱渔歌，一带沙矶绕内河，

阿妹近兴咸水调，声声押尾有兄哥。^㊿

这种歌谣是否真的到光绪年间才"近兴",还是所谓"近兴"只是文人的后知后觉,我们一时难以考究。这类即兴的、情境性极强的歌曲,本属口述传统,在史册上不会留下太多可考的痕迹。幸好总有些识字的有心人,把这类歌谣收集起来,加以润饰,甚或二度创作,看准市场,出资付梓,才让我们今天还可以看到两本出版年份不详、分别名为《咸水歌》和《淡水歌》的歌册。这两本歌册字体式样大致相同,《淡水歌》封面载明是"香江原本",内文提到上海,《咸水歌》内文多处提到香港,相信是19世纪下半叶的出版品。当中的歌词,有助我们想象洋人、洋物、洋语,如何渗透到珠江口的船民的生活当中。歌词有云:

女唱:门口有坡摩啰菜,兄哥,唔声唔盛走埋来;

男答:甕菜落塘唔在引,姑妹,二家情愿使乜媒人。

女唱：番鬼识当唐人坐落，兄哥，哥歪二字赶哥兄台；

男答：番鬼花边唐人打印，姑妹，有心聊我莫向聊人。

女唱：番鬼推车钱银世界，兄哥，无钱大缆搅唔埋；

男答：番鬼膺中厘戥秤，姑妹，当初唔肯莫应承。

女唱：番鬼洋烟唔可食，兄哥，食烟容易戒烟难；

男答：番鬼洋烟从无炼，姑妹，丹心来共妹痴缠。

女唱：番鬼月头四个礼拜，兄哥，但逢礼拜要哥开嚟；

男答：番鬼膺中未有打印，姑妹，送完番鬼去送唐人。(52)

这段歌词，除了表现出男女（可能是妓女与顾客）互相调戏的情景外，还反映了"番鬼"在船民的世界中所占的重要位置。似乎，这位"姑妹"接待过的客人，既有"唐人"，也有"番鬼"，甚至有"摩啰"（有说"摩啰"是"Malay"的粤语谐音，泛指皮肤较黝黑的南洋和印度洋的土著）。铸有"花边"，且有"唐人打印"的"番鬼银"，对她来说一点也不陌生，因为她自己和她的祖父辈，不知收过这种银元多少个世代了。她甚至懂得几句"鬼话"，所以她说"番鬼""识当"（sit down）之后，便要那位唐人兄台"哥歪"（go away）。那"有钱使得鬼推车"的华洋杂处的商业世界，与珠江口船民的海洋世界，不但不是"大缆搅唔埋"（毫无瓜葛），而且更是息息相关，存亡与共。如果船民不是在日常生活中对这些外国银元和事物已习以为常的话，这类词汇是不可能这么自然地被镶嵌到他们的歌调之中的。

　　咸水歌还是渔民口述的"海上定位系统"。香港几位会唱渔歌的船民，在 21 世纪初忆述他们口耳相传的学习经验时，娓娓唱来用地名串成的歌谣多首。住在港岛以西的大澳的何九先生，所唱的渔歌描述广东东面沿海到珠江口沿途经过的地形和聚落，包括沱泞、小浪澳、大浪澳、南澳环、坪洲、塔门、北佛堂、南佛堂、柴湾、将军澳、九龙、昂船洲、赤鱲角、赤湾等；住在新界以东的塔门的黎连寿先生所唱的歌词，也提到从沱泞列岛，经大鹏湾、大浪湾、西贡东面群岛，再到果洲群岛，蒲台岛、大庙，然后过铁针门驶入维多利亚港，经柴湾、将军澳、筲箕、九龙塘、昂船洲，到珠江斗门。两首歌都屡屡提及"湾""州""岩""排"等词，"湾"可让船只"抛住"（下锚），"州"乃海中小岛，"岩"则寸草不生，"排"就是礁石群，船只不可靠近。在过去，识字不多的渔民，就是通过这样的歌谣，在心中画出一张海图。[③]这不由得让我们想到上文提及洋船经珠江口进入黄埔时，"带水"会特别注意"蚝墩""大蚝头""鱼头石"等处，我们可以想象，清代的引水人也很可能是唱着咸水歌，叙述从澳门经虎门入广州的海路，帮助记忆这些险要之处吧。

五、容闳的语文老师

自 16 世纪欧洲人涉足这片洋面开始，珠三角的船民就已经在各方面被卷入一个跨地域跨海域的贸易体系，他们的生活，也因为与外国人的频繁接触、官府因应中西贸易情况而订定的规例、中外双方在海权方面的交涉而有所影响。他们的世界与世界观，也随着数百年来发生的政治与社会变迁而有所改变。在这片华洋官民船只并存的汪洋上，船民运用自己的机智和专业知识赚取生计，他们一方面被官吏剥削，但另一方面也有自己的组织方式，成群结伙地维护自身的利益，有些甚至由此致富，在岸上有一席之位，只要看看珠三角沿岸和各个岛屿上庙宇的碑文，便知道水上人如何以"甲"为单位有组织地为兴修庙宇捐输银元，财力不可小觑。

尽管在各式文献中，他们仍被认为是身份较低下的"水上人"，但他们是外国人进入中国最先碰到的中国人，而他们的见识，往往比许多陆上人要多要广，且往往是出洋谋生的先锋。近年，国外已有好些研究成果显示，早在18世纪末，英国东印度公司就已在印度洋海域招募本地人当水手，以补充往返航程流失的人员，随着拿破仑战争（1803—1815）的爆发，公司舰队急需人手，这类海员的数目从1803年开始便节节上升，至1813年更达到1 300多人之规模。这些海员在档案里被笼统地称为"亚洲的"（Asiatic），他们来自印度、东南亚、越南，以及广州、福建等地，族裔相当繁杂。⑤ 而早在1799年，东印度公司便从广州带上了一个英文名为约翰·安东尼（John Anthony）的中国雇员，到英国打点中国海员的起居生活，安东尼后来娶了一个来自印度的工作伙伴的女儿，定居英国，共同打理来自中印的海员在英国的生活，并由此致富，在当地置业，在 1805 年更归化为英国子民（British subject），取得部分的公民权利。⑤ 我们可以想象，这些招募自广州的东印度公司船员，有不少就是水上人甚至引水人。他们对洋船本来就驾轻就熟，所谓"出洋"工作，只是从一条船跳到另一条而已。

引水人的足迹，到了 19 世纪蒸汽轮船逐步取代帆船成为中外贸易的主要运输工具后，仍然延续了一段时间。1854 年，容闳从美国耶鲁大学学成归来，乘船回国，当船只驶近香港时，一位引水人上船提供引水服务。洋船长让容闳问他附近是否有危险的礁石（dangerous rocks and shoals），但从小在美国接受教育的容闳，对这些"专业名词"不太灵光，冥思苦想，也不知道如何把船长的话译成中文，他没想到，这位引水人是懂得英语的，因此能听懂船长的话，教容闳如何把"dangerous rocks and shoals"翻译成中文。船上几位朋友见到此情此景，皆忍俊不禁，取笑容闳，谓他身为中国人，却不会中文，容闳在自传里也称这位引水人为自己的"第一位中文老师"。⑤容闳明显是离家太久了，他忘记了或者不知道在珠江口靠服务洋人为生的人，早就有一套行之有效的英语学习方式，帮他们跟洋人沟通并谋生致富。

注　释

　　①　此书英译本名为 *Treaties in which the things of China are related at great length*，*with their particularities*，*as likewise of the kingdom of Ormuz*，composed by the Rev. Father Fr. Gaspar da Cruz of the Order of Saint Dominic，printed with licence，1569；收入 C. R. Boxer ed.，*South China in the Sixteenth Century*，*being the narratives of Galeote Pereira*，*Fr. Gaspar da Cruz*，*O. P.*，*Fr. Martín de Rada*，*O. E. S. A.*，Hakluyt Society 1st edition 1953，reprinted by Nendeln/Liechtenstein，Kraus Reprint Limited，1967。有关作者的背景，见编者 C. R. Boxer 在"Introduction"中的介绍（pp. lviii-lxii）；该书提到中国 pilot（疑即引水人）的情况，见 pp. 200，202。

　　②　(清)梁廷枏总纂，袁钟仁校注：《粤海关志(校注本)》，536 页，广州，广东人民出版社，2002。

　　③　同上书，549、565 页。

　　④　Peter Quennell ed.，*Memoirs of William Hickey*，London，

Routledge & Kegan Paul Ltd. , 1975, p. 121.

⑤ Paul Van Dyke, *The Canton Trade*: *Life and Enterprise on the China Coast*, *1700-1845*, Hong Kong, Hong Kong University Press, 2005, p. 36. "澳水路"的险要情况可参考 Amasa Delano, *A Narratives of Voyages and Travels in the Northern and Southern Hemispheres*: *comprising Three Voyages round the World*; *together with a voyage of survey and discovery*, *in the Pacific Ocean and Oriental Islands*, Boston, E. G. House, 1817, p. 47 中有关 1791 年的记载。到了 19 世纪中，英文世界出版的航海手册中有关从澳门到广州的水道的描述越趋详细，见 James Horsburgh, *The India Directory*, *or Directions for Sailing to and from the East Indies*, *China*, *Australia*, *and the Interjacent Ports of Africa and South American*, London, WM. H. Allen & Co. , 1852, Volume Second, pp. 384-400。

⑥ 见 Peter Dobell, *Travels in Kamtchatka and Siberia*; *with a narrative of a residence in China* London, Henry Colburn and Richard Bentley, 1830, Vol. Ⅱ, p. 133 中记述的 1798 年的情况。

⑦ George Anson, *A Voyage Around the World in the Years 1740*, *41*, *42*, *43*, *44*, London, Ingram, Cooke, and Co. , 1853, p. 107. 如果说"鱼的中文读法跟 Macao 有点类似"，其中一个可能性是船民以为对方说的鱼是"马鲛鱼"。

⑧ 在当时的英语文献中，"Lemma Island"常以复数"Lemma Islands"出现，指的是位于珠江口的万山群岛，葡萄牙人称之为"Ladrone Islands"，"ladrone"为西班牙语"ladrón"（盗贼）的意思，用以形容当时大量海盗出没于万山群岛的情况。据 Hugh Murray, *The Encyclopedia of Geography*: *Complete Description of the Earth*, Philadelphia, Lea and Blanchard, 1840, Vol. Ⅲ 附经纬度表（p. 597），按照当时西方人的认识，Ladrone Isle (Great) 较大的岛屿的经纬度为 21. 57. 0N, 113. 43. 0E, Lemma Isle (Great) 较大的岛屿的经纬度为 22. 22. 0N, 114. 16. 0E, 当外国船员说看到"Lemma Island(s)"时，可能是泛指万山群岛，如果已靠

近葡萄牙人称之为"Ladrone Islands"的部分，则可能是指已靠近十字门，也就是道光《广东通志》卷八十三《舆地略一·广州府图》标记为"老万山"的一带。

⑨　George Anson, *A Voyage Around the World in the Years 1740*, *41*, *42*, *43*, *44*, p. 108.

⑩　James Cooks and James Kings, *A Voyage to the Pacific Ocean*; *undertaken by command of his Majesty*, *for making discoveries in the North Hemisphere*; *performed under the direction of Captains Cook*, *Clerke*, *and Gore*, *in the Years 1776*, *1777*, *1778*, *1779*, *1780*, London, Champante and Whitrow, 1793, Book Ⅳ (疑为 Book Ⅳ 之误), pp. 216-222.

⑪　Elijah Bridgman, *Chinese Chrestomathy in the Canton Dialect*, pp. 219-223.

⑫　同上书, p. 219。

⑬　见 Peter Dobell, *Travels in Kamtchatka and Siberia*; *with a narrative of a residence in China*, Vol. Ⅱ, p. 133 所述 1798 年的情况。

⑭　Paul Van Dyke, *The Canton Trade*: *Life and Enterprise on the China Coast*, *1700-1845*, pp. 19-21.

⑮　Elijah Bridgman, *Chinese Chrestomathy in the Canton Dialect*, p. 220. 文中对应鸡颈头、沙沥和伶仃的三处地名的英语词汇分别是 Cabreta Point, the Shallows (off Macao Roads) 和 Lintin。查今天地图，沿澳门水路往北走，到珠海香洲附近，有一名为"鸡颈头"的地点。

⑯　见 Peter Dobell, *Travels in Kamtchatka and Siberia*; *with a narrative of a residence in China*, Vol. Ⅱ, p. 135 记述的 1798 年的情况。

⑰　Paul Van Dyke, *The Canton Trade*: *Life and Enterprise on the China Coast*, *1700-1845*, p. 45.

⑱　James Gibson, *Otter Skins*, *Boston Ships*, *and China Goods*: *The Maritime Fur Trade of the Northwest Coast*, *1785-1841*, Seattle, University of Washington Press, 1992, p. 50.

⑲　Elijah Bridgman, *Chinese Chrestomathy in the Canton Dialect*, pp. 221-222.

⑳　Auguste Duhaut-Cilly (translated and edited by August Frugé & Neal Harlow), *A Voyage to California, the Sandwich Islands and around the World in the years 1826-1829*, University of California Press, 1999, p. 233.

㉑　Paul Van Dyke, *The Canton Trade: Life and Enterprise on the China Coast, 1700-1845*, pp. 40-42.

㉒　Elijah Bridgman, *Chinese Chrestomathy in the Canton Dialect*, p. 223.

㉓　*All the Voyages Round the World* (Collected by Captain Samuel Prior), London, W. Lewis, 1820, p. 198.

㉔　Kenneth Scott Latourette, *The History of Early Relations between the United States and China, 1784-1844*, New Haven, Yale University Press, 1917, p. 22.

㉕　Paul Van Dyke, *The Canton Trade: Life and Enterprise on the China Coast, 1700-1845*, p. 44.

㉖　William Milburn (originally compiled), *Oriental Commerce; or the East India Trader's Complete Guide*, London, Kingsbury, Parbury, and Allen, 1825, p. 470.

㉗　(清)梁思泽著，(清)温歧山订正：《绘像银论秘书》卷首《序》，1页，丹柱堂板，序于道光二十四年。"癸卯"即道光二十三年(1843)。

㉘　同上书，2页。

㉙　William Hunter, *The "Fan Kwae" at Canton: Before Treaty Days 1825-1844, by an old resident*, London, Kegan Paul, Trench, & Co, 1882, p. 58. 向银师购买更换地砖的权利，原文说法是"the privilege of removing the floor""the privilege replacing the floor"。为行文清晰起见，我在翻译时将原文的句子顺序稍作调动。

㉚　这位温歧山似乎也是名不见经传，我查阅道光六年(1826)版的《鹤山县志》及利用其他数据库搜索，未见其名。

㉛ (清)梁思泽著，(清)温歧山订正：《绘像银论秘书》卷首《凡例》，2页，丹柱堂板。

㉜ 同上书，1～2页。

㉝ (清)梁思泽著，(清)温歧山订正：《绘像银论秘书》卷二《银经发秘·各字音义》，38～39页，丹柱堂板。

㉞ (清)梁思泽著，(清)温歧山订正：《绘像银论秘书》卷首《凡例》，1页，丹柱堂板。

㉟ 同上书，17页。

㊱ (清)梁思泽著，(清)温歧山订正：《绘像银论秘书》卷二《银经发秘》，26页，丹柱堂板。

㊲ (清)梁思泽著，(清)温歧山订正：《绘像银论秘书》卷一《天师来历》，50页，丹柱堂板。

㊳ (清)梁思泽著，(清)温歧山订正：《绘像银论秘书》卷二《银经发秘》，24～25页，丹柱堂板。

㊴ (清)苏富源银号：《新增银论》，49页，光绪十二年重刊本。

㊵ William Hunter, The "Fan Kwae" at Canton, Before Treaty Days 1825-1844, p. 58; S. Wells Williams, A Chinese Commercial Guide, Canton, Printed at the Office of the Chinese Repository, 1856 (4th edition), p. 290; 杨端六所著《清代货币金融史稿》(273页，北京，生活·读书·新知三联书店，1962)谈及"自外国输入的银元，每经过一次手，便称一次，加上一次戳"的情况，所用资料也来自 William Hunter, The "Fan Kwae" at Canton。

㊶ (清)苏富源银号：《新增银论》，12～13、23、26～27页，歌诀引文见12页，光绪十二年重刊本。

㊷ Paul Van Dyke, The Canton Trade: Life and Enterprise on the China Coast, 1700-1845, p. 38.

㊸ 见 Peter Dobell, Travels in Kamtchatka and Siberia; with a narrative of a residence in China, Vol. II, p. 129 (按前后页码，应为 p. 139) 所述1798年的情况。

㊹ "A bill from Huineng to Mr A. Howell for hooks of various kinds from Huineng's blacksmith shop, including a brief English note about the bill. The year is not given." MS JM/H1/81, Jardine Matheson Archive, Cambridge University。文件未标年份，按闰七月十三日即公历 9 月 6 日算，该年为道光二十三年，即 1843 年。文件照片承蒙周湘教授惠示。

㊺ 见 Kingsley Bolton, *Chinese Englishes: A Sociolinguistic History*, Cambridge, Cambridge University Press, 2003, p. 149。

㊻ "皮条开埋艇""老矩艇"二图及相关描述，参见程美宝：《琛舶纷从画里来》，见刘明倩、刘志伟主编：《18—19 世纪羊城风物：英国维多利亚阿伯特博物院藏广州外销画》，44～49 页，上海，上海古籍出版社，2003。图见 214、216 页。

㊼ Peter Quennell ed., *Memoirs of William Hickey*, p. 121.

㊽ Paul Van Dyke, *The Canton Trade: Life and Enterprise on the China Coast, 1700-1845*, p. 45.

㊾ Samuel Wells Williams, The Chinese Commercial Guide, Hong Kong, A. Shortrede & Co., 1863 (5th edition), p. 134.

㊿ Peter Dobell, *Travels in Kamtchatka and Siberia; with a narrative of a residence in China*, Vol. II, pp. 140-142.

(51) 《羊城竹枝词》卷二，41 页，光绪三年吟香阁藏板。

(52) 《咸水歌》卷上，1～2 页，出版年地不详。

(53) 何九先生唱的歌名为《东路程》，收入廖迪生、胡诗铭编著，黎带金叹唱：《水上叹歌》，39～42 页，香港，香港科技大学华南研究中心，2018；黎连寿先生唱的歌名为《大船抛住沱泞头》，收入郑锦钿、马智恒(撰文及歌词整理)：《岸上渔歌》，35～45 页，香港，艺鹄出版，2015。

(54) Iona Man-Cheong, "'Asiatic' sailors and the East India Company: racialisation and labour practices, 1803-15," *Journal for Maritime Research*, 2014, Vol. 16, No. 2, pp. 167-181.

⑤⑤　Barclay Price, *The Chinese in Britain: A History of Visitors and Settlers*, Ch. 3, "Manning British Ships."

⑤⑥　Yung Wing, *My Life in China and America*, New York, Henry Holt and Company, 1909, p. 48.

代代相传的英语课

我们在以上几章已经看到，黄东在英国待了至少6～7年，英语写作和书法能力俱佳；其他在广州、澳门甚至后来越洋赴英美的事仔如阿煜、阿豪、阿绍、阿宋、阿松、阿谦，厨子阿勒，还有珠江口的引水人阿四和阿娣（所有名字俱为音译），以及无数的船家妇，多少都懂一点英语单词和短句，尽管发音不一定准确，文法也可能错误百出，但已足以让他们跟外国人沟通。他们究竟是如何学习英语的？

　　黄东的故事，是我们能够追溯得到的较早期也较具体的中国人学习和运用英语的历史碎片，我们不妨以之为出发点思考这个问题。黄东很可能在 1767 年或 1769 年便开始在广州为东印度公司的布莱克船长服务，他也许之前已懂得少许英语，否则布莱克不一定会雇用他。其后与布莱克朝夕相处，肯定让他的英语书写能力大为进步，否则他在1775年到达英国不久时，不会有人说他"已能够勉强读出和理解我们的语言，但他的书法十分优秀"①。

至1781年左右回到广州时，黄东的英语应该属鹤立鸡群，有能力给本地人传授英语和各种实用的洋务。由于他继续跟外国人打交道，英语水平似乎并没有退步，这从他1796年写给班克斯的书信可见一斑。

从黄东的例子可见，广州较早的"英文老师"，很可能就是在当地生活的外国人；到了18世纪60—90年代，也就是广州独口通商后10～30年，广州逐渐出现了一些教授英语的本地人，以及学习英语的工具书。我们虽无多少有年份可考的史料，也不应假定人们都得靠书本才能学习英语，但这类至今尚存的工具书，以及种种直接和间接的证据，都足以帮我们推敲时人是如何灵巧地学习和运用英语的。[②]

一、没有英语的英语课本

现存好几种相信是较早期在广州出版的英语学习小册，有一个共同特征，就是英语字词的发音，都是用汉字（粤音）标记，再配以中文解释，全书不载一个英文字母或字词。这种做法，很可能是将原来口耳相传学习外语的方式文字化的结果，从传播史的角度看，是从口述到书写的一种见证。这种做法，早在乾隆十六年（1751）版的《澳门纪略》中便已现端倪。附在该志下卷《澳蕃篇》的《澳译》，就是一个葡萄牙语词汇的中译对照表。编者谓："西洋语虽侏离，然居中国久，华人与之习，多有能言其言者，故可以华语释之，不必怀铅握椠，如扬子远访计吏之勤也。"[③]可见，当时在澳门与洋人打交道的华人，大多已从葡萄牙人身上学懂一点葡萄牙语。《澳译》

共收录 395 个中文字词，每个字词以汉字标音，以粤音读出，便等同该词葡萄牙语的发音。④编者又把各字词归类为"天地""人物""器数""通用"等几种，换句话说，全篇不出现一个拉丁字母。以下抽取几个例子，参考其粤语标音配对葡萄牙语字词，以展示这种"教学方法"的操作：

《乾隆澳门纪略·澳译》以粤音标葡萄牙语举隅

字词中文意译	葡萄牙语读音 （按粤语发音）	对应的葡萄牙语字词（原文并未提供，按本人检索所得）
天地类		
天	消吾	céu
日	梭炉	solar
月	龙呀	lua
关闸	波打些芦古	portas do cerco
议事亭	事打的	senado
人物类		
皇帝	燕罢喇多卢	imperador
老爷	蛮的哩	mandarim
相公	雍	homem
兵	疏打古	soldado

字词中文意译	葡萄牙语读音 （按粤语发音）	对应的葡萄牙语字词（原文 并未提供，按本人检索所得）
挑夫	姑利	coolie(一般说法是可追溯到 17 世纪印度语，后为欧洲人袭用)
火头	故知也立	cozinhar
水手	骂利也路	marinheiro
引水	英加米央地	encaminhante
器数类		
桌	务弗的	（暂未能查出发音类似又解 作"桌子"的葡萄牙语词汇）
椅	架爹喇	cadeira
床	监麻	cama
柜	亚喇孖度	armário
通用类		
买	公巴喇	comprar
卖	湾爹	vender
坐	散打	sentar
企	宴悲	em pé

从标音和部分中文字词如"企"（站立）的运用，可见发明和使用这类对照表的本地人是说粤语的，我们也可以由此推论，尽管在澳门和广州跟洋商打交道的中国商人有闽人也有粤人，而《澳门纪略》也说"其商侩、传译、买办诸杂色人多闽产，若工匠，若贩夫、店户则多粤

人"⑤，但在语言使用方面，似乎是任工匠、贩夫、店户的粤人"取胜"，这也是后来"闽商粤化"（来自福建的行商在广州落地生根，逐渐以粤语为母语）的一个侧面。《澳门纪略》初刊于乾隆十六年（1751），我们也可以推想，这种学习葡语的方法，在18世纪中叶之前已颇为普遍；我们甚至可以想象，当时澳门和香山县流传着这类手抄本，但大多散失，幸好《澳门纪略》的编纂者将之收入志书，我们今天才得到一个有年份可考的例子。

18世纪初，广州流行的"商业外语"主要是葡萄牙语和英语。范岱克认为，种种迹象显示，在18世纪头二三十年中，通事使用的往往还是葡萄牙语，但从马士（H. B. Morse）的《东印度公司对华贸易编年史（1635—1834年）》（*The Chronicles of the East India Company Trading to China*，1635—1834）可知，早在1715年，有些广州商人已能使用"英语"；藏于比利时的东印度公司档案（Ostend General India Company，GIC）也提到在18

世纪 20 年代左右，Suqua(陈寿官)和 Cudgen(叶姓行商之一)等商人已在使用"英语"。至 18 世纪 30 年代左右，"广州英语"(pidgin English 或 Canton English)取代了之前当道的葡萄牙语，成为中外交往的主要媒介，自此以后，通事运用的三种最重要的语言就是英语、粤语和官话。⑥

采用类似上述《澳蕃篇》的标音方式的英语学习材料，最早很可能是手稿，篇目和词条相对雷同的印刷本，则有可能是在 18 世纪后期至 19 世纪 30 年代左右出现的，其中有好些以"红毛番/鬼话"为名。服务于美国旗昌公司的威廉·亨特，鸦片战争前在广州工作，手上便曾经有过这样的书。他在《广州"番鬼"录》中写道：

在广州商馆区附近的书店，售卖着一种叫"鬼话"的小册，封面画有一个身穿上一世纪中叶衣服的外国人——三角帽、宽下摆外套、马裤、长袜、带扣足靴、花边袖饰，还手持一根手杖。此刻我就有一本这样的小册置于眼前。头一个字是"人",接下来就是这个字在"鬼话"的定义,再用另一个中文字来表示"man"的发音。给出许多这种例子之后,就列出两音节的词——因此,"今日"这个词,就是用另外两个读音是"to-teay"的中文表示 today 的意思。接下来是句子,变通的情况就更加明显了。这种小册售价不过一两毛,事仔、咕喱、管店,人手一本。作者是个中国人,其才华值得铭记。我常常想,谁是把这种稀奇古怪的语言化作寻常的第一人呢?我们应该在他的祭坛前烧红蜡烛,在其画像前奉献香茶,把他的神主安放在供奉列位先贤的庙堂之中。⑦

迄今所知,这类小书至少有《红毛通用番话》(木刻本,成德堂、璧经堂各一)、《红毛买卖通用鬼话》(木刻本,荣德堂)、《红毛番话贸易须知》(木刻本,富桂堂)、《红毛话贸易须知》(木刻本,以文堂)等几种,皆藏于大英图书馆。关西大学的内田庆市在大英图书馆还发现另一个内容和性质类似的手抄本,唯缺封面页,为方便讨论,他也权且名之为"红毛番话"。这批小册,连同也是藏于大英图书馆的手抄本《中英词汇》(*Chinese and English Vocabulary*)和内田购于上海书肆的《夷音辑要》(手抄本),已由关西大学全部复印出版,造福读者。此外,复旦大学的周振鹤先生,前前后后更费了不少气力将绝大部分的英语原词还原。[⑧]关于这类小册,已有不少扎实的研究,这里要集中讨论的是,这类文本材料到底在多大程度上反映了时人学习语言的实用性和口述性(orality)。[⑨]

让我们先从出版商的视角出发浏览这批小册。乍看封面,便会发现亨特的描述所言非虚,好几个版本的封面都画有一个 18 世纪的外国男人像。荣德堂本、成德堂本与璧经堂本的封面人物,均取材于以《乾隆澳门纪略》所附"男蕃图"为代表的男性西洋人形象。这样的"封面设计",俨如一个商标,让人一看便知所卖何物。有些还标榜"只字无讹",以示编校认真,但实际上都印刷粗糙,也因此价钱相宜。已有的研究显示这类小书版本繁多,可见这是一种颇有市场的商品。

让我们再从用家的角度分析。这类小书收入的字词、排列和分类,反映了时人学习的实际需要,如果

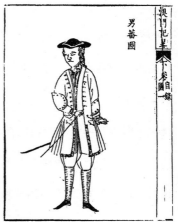

图 23　成德堂本《红毛通用番话》封面(左)与《乾隆澳门纪略》"男蕃图"(右)之比较

图片来源:左:[日]内田庆市、沈国威编著:《言语接触とピジン:19世纪の东アジア》,197 页,东京,白帝社,2009。右:(清)印光任、(清)张汝霖:《乾隆澳门纪略》卷下《澳蕃篇》图一"男蕃国",见《中国地方志集成·广东府县志辑 33》,40 页下,上海,上海书店出版社,2003。

"pidgin English"原来的发音和意思真的是"business English"（商业英语）的话，那么把这种小书称为"商业英语大全"，可谓名副其实。"商业英语"第一课应该学什么呢？当然是数字了。有异于亨特所见以"人"字先行的本子，几乎所有关西大学复印的本子的第一页，都是教人学习用英语数数的。因此，用者所学的第一个英文单词，就是通过粤语"温"字的发音而学到的英语词汇"one"。在上述五个木刻本的"红毛英语"中"生意数目门"的类目下，一律都是先列出"温"（one）到"挞地"（thirty）（"一"到"三十"）每个英语单词的发音，然后是"四十""五十""六十""七十""八十""九十""一百""一千""一万"。这样的列法，是因为要学会英语单词"一"到"十二"，都必须一个个死记硬背，没有什么规律可言，从"十三"到"十九"，则要学会在个位数加上"teen"这个后缀音，其中"thirteen"（十三）和"fifteen"（十五）又是例外；之后类似的情况便可以如此类推，再加上逢十的单词即可，但到了"百""千""万"等，当然也是需要另外学的。因此，这种选词的办法，是最经济又奏效的。

在"一万"之后，便是各种配以做生意所需的计量单位，如斤、厘、分、钱、两、担、箱、尺、丈、张等。值得注意的是，这些单位，有些是中国的单位，配以相应的英语单词，如"斤"是"加地"（catty）；"两"是"颠"（tael）；有些中文词汇其实是该英语单词的本地叫法，如本地人称墨西哥银元为"花钱"，以其铸有图案之故，因此"半个花钱"是"哈打罅"（half dollar），由于一个墨西哥银元约相当于中国银元七钱二分，因此对应中文单词"一个钱八"的英语词汇是"温骨"（one quarter），即七钱二分的四分之一。此外，编纂者还记录了"花钱"和后来才流通的"鬼头钱"的不同叫法，前者是"欧路打罅"（old dollar），后者是"歇打罅"（很可能即 head dollar）。

学了一些数字和计量单位之后，再学些什么呢？事不宜迟，马上要学会的是对应粤语"帮衬"（来光顾，来做买卖)的英文单词"约加","约加"是哪个词呢？周振鹤先生估计是"work"。洋商多半是来买货的，所以接下来学的是"买乜货"(买什么货呢?)，对应的英语说法是"悲屈听"(buy what thing)。买卖是你情我愿的事，最重要的是合意与否，所以接下来要学的是"中意"(喜欢)和"唔中意"(不喜欢)，分别是"吼忌"(like)和"哪吼忌"(no like)。为什么要在常用字旁加个"口"字部？因为这是粤人由来已久的造字和记音方式，凡是有别于常用字的用法和读法，便加个"口"字或其他更能配合词意的部首如"手"字部，以示识别，而加上"口"字旁的，往往也表示读音声调要提高，因此，在"礼"(粤音"lai 3"⑩)旁加个"口"字，意思是这个字应该念较高的声调(粤音"lai 1")，才会更接近英语"like"的发音。随后的二十几个都归入"生意数目门"的词语，都是最基本的，最直接的当然就是"买"("悲"，buy)、"卖"("些淋"，sell)、"算数"("干打"，count)等词。有时要表达一下善意和礼貌，"随便"

（"鼻离士"，please）、"多谢"（"听忌"，thank），甚至"老实"（度老利，truly）也是必需的。

这些"红毛番/鬼话"小册的编纂者或原来的老师，也十分懂得尊卑有别。进入"人物俗语门"，排位第一的就是"鼻利"（emperor）——皇帝是也。天高皇帝远，真正重要的是本地的官员，一个"万地利"（mandarin，老爷）便足够囊括总督、知府和知县等官；但负责管税收船务的粤海关监督非常重要，故须另辟一词，而且要学会外国人惯常的叫法——"合煲"（hoppo）。长年以来，外国人称粤海关为"hoppo"，即"户部"之谐音。粤语"煲"字是"锅"（名词）和"煮"（动词）的意思，用"合煲"来标音，难道是说"煮成一锅"？大抵小人物对大人物没有不敬之意，谁叫英语"hoppo"的"po"音，声调要念得比较高昂呢？只好标个"煲"字吧，好记又好玩。

学了对应"皇帝""老爷"和"关部"的英语单词，中国这边最重要的人物都知道怎样称呼了，接下来就是外商方面，也是学三个就够——"苏鼻加故""昔根苏鼻加故"和"挞苏鼻加故"，也就是"大班"（supercargo）、"二班"（second supercargo）和"三班"（third supercargo）。其他外国人员，也是要打交道的，所以也应该学学，包括"涉灭"（chief mate，大伙长）、"帀蛋"（captain，船主）、"得打"（doctor，医生），说不定将来会成为他们的一员，做他们的"沙文"（servant，跟尾），甚至取代"鬼厨"做他们的"谷文"（cookman，厨师），或偶然登上洋船任"些利文"（sail man，水手），当然，有朝一日能当上"公不多"（comprador，买办），甚至"孖毡"（merchant，财主），就最好不过了。

至于"言语通用门"和"食物杂用门"，自然是多不胜数，编纂者用心良苦地精选了不得不学的一批用语或词汇。例如，向外国人问好，表达"好意"，要学会"哮里都"（How do you do?）；要竖起大拇指说"实守好"，便要学会"威里活"（very good）；有些外国人已经熟悉的中文表述，并且已有习惯的发音方式，也会采用，例如，说"请请"，便得念成"毡毡"（chin chin）；少部分从葡萄牙语通行的时代遗留下来的用语，也自自然然地留下，例如，"晓得"是"沙鼻"（savvy）"，"唔晓"是"哪沙鼻"（no savvy），"系都好"是"孖士甚"（maskee），等等。

　　这些小书，刻坊竞相印行，版本互相挪用，想必大有市场。你说它语法错误？胜在简单明了；你说它杂乱无章？却是自有法道；你说它质量粗劣？保证价格相宜。我们要记住，这是个没有电脑，没有录音机，没有复印机，做生意靠口讲为凭，做会计靠张口喊数的年代，学习外语，主要靠口耳相传，即便是印制辅助小册，也只能用最经济实用的方法。学到就行，能用就行，管他标准与否。19世纪中之前，也有收入更多词汇的"进阶"英语学习小册，现存多属抄本①，可见以"红毛番/鬼话"为名的这个版本，是编者认为选词刚好够用，也是最受读者欢迎的。

二、有英语的英语教材

虽说学会讲一些单词和句子就可以从事外贸，但若再能掌握一点书写能力，就最好不过了。最"基本"是什么呢？至少得学会写英文字母和阿拉伯数目字吧。内田在上海旧书肆购入的《夷音辑要》（手抄本，年代不详，按粤语记音），除了按不同的分类抄录了一些与上述各"红毛番/鬼话"所收入的类似的词汇和粤语标音外，在首卷便备有"番字正草"和"颜色番号"，也就是英文字母的大、小、正、草写法和读音，以及12种颜色的英文写法、以粤语标记的读音和中文解释，还有阿拉伯数字对应中国数字的写法。举隅如下：

字母

A（标音为"哱"，并附A字的草书大小写法）

B（标音为"卑"，并附B字的草书大小写法）

C(标音为"思"，并附 C 字的草书大小写法)

D(标音为"哋"，并附 D 字的草书大小写法)

如此类推……(其中 U 和 V 没有按习惯排法，V 先于 U，但这不等于错误，所谓"习惯"排法，也是一种"文字化"的后果)

颜色(原文从左至右先列粤语标音，再列英语词汇，在每个英语词汇上加上中文意译)

粤语标音	英文词汇	中文意译
虾昔	herk	原文缺
吔嘞	yellow	黄色
记连	Green	绿色
嗗	White	白色
罢嘞	Binet	元色
哕咾	Blue	蓝色
嗝	Scarlet	红色
波付	Purple	葡色
士哛嘞加聿	Nankeen	紫花
士帘善	Crimson	呀嘛

粤语标音	英文词汇	中文意译
冰加丰	Pink Pink?	水红
播唥	Brown	棕色

数字（未标音，只列阿拉伯数字与对应的汉字数字［从右至左书写］）

1 一	6 六	11 十一	10（缺相应中文数字）	111 一一一 十百
2 二	7 七	12 十二	100（缺相应中文数字）	1110 一一一 十百千
3 三	8 八	13 十三	1000（缺相应中文数字）	11100 一一一 百千万
4 四	9 九	14 十四	10000（缺相应中文数字）	111000 一一一 千万十
5 五	10 十	15 十五	101（缺相应中文数字）	12300 三六* 一百千 万

* 此处"2"写作"六"，似为笔误。

上列颜色中英文和粤语标音对照表，有几处需要说明。其一，标音为"虾昔"的"herk"，原文缺中文意译，"herk"若按英语解与颜色无关，但"虾昔"用粤语念起来则更接近"黑色"，因此，"herk"很可能是"黑"字粤音的拉丁字母标音。其二，"元色"即黑色，按原文标音"罢嘞"的粤音读法类近"black"，估计"Binet"是笔误。其三，标音为"冰加聿"的"Pink Pink"（水红）也许多写了一个"Pink"，也许前面那个是另一词（Pure?）。其四，"Nankeen"是一种浅黄色，据说源自南京，故有此名，此处中文解释是"紫花"，而标音"士哋嘩加聿"更接近在此处解作红色的"Scarlet"，至于"Scarlet"的标音，反而只是简单一个"唰"音，即"-let"，也可能是"red"的标音。其五，还要注意"Crimson"（标音为"士帘善"）这个词，此处中文释词是"呀囒"。关于"呀囒"一词，我已有专文详述。"呀囒"并非"中文"，而是外来语，源出西班牙语"grana"，英语作"cochineal"，是一种用中美洲寄生于仙人掌的虫子提炼出来的红色染料的原料。18—19 世纪时，其出口为西班牙人垄断，早在18世纪上半叶已经从广州、厦门等口岸进入中国，主要用来染出口的上等丝绸。提炼出来后由于形状似米粒，故称"呀嚄米"，用水、酒精和碱加工，会分别生产出猩红（或绯红，scarlet）、深红（deep crimson）、深紫（deep purple）三种不同红色的染料。[12]《夷音辑要》只列了crimson这种红色，可见用粤语标音的"呀嚄"这个词，在这个时候已嵌进本地人的日常语言，用以指代深红色。

为什么这个本子的编者那么重视颜色呢？这可能反映了他主要从事织造品（丝绸、棉毛布）的买卖，需要掌握一系列与颜色有关的词汇，以符合外国客人的需要。无论从事什么买卖，都需要搞对数量、价钱和长短轻重，需要知道双方是否计算准确，因此学懂外国人用的阿拉伯数目字便十分有必要。此外，英文字母（图24）和阿拉伯数目字，就如中文数目字和千字文一样，也可作排序和标记用。由此可见，这个手抄本比起木刻的"红毛番／鬼话"系列，更为"专业"，也带有教人书写的目的，而一些字词拼写或手书错误也反映了编者

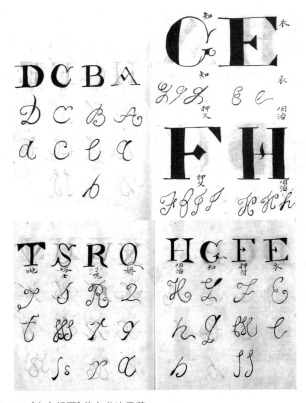

图 24 《夷音辑要》英文书法示范

图片来源：[日]内田庆市、沈国威编著：《言语接触とピジン——19世纪の东アジア》，358 页，东京，白帝社，2009。

实际上未能自如地掌握英文字词的意思、拼法和写法。

学懂书写拉丁字母和阿拉伯数字是重要的。想想那些要在出口的包装箱外写上"TEA""HOUQUA"等字的人，想想那些要以阿拉伯数字跟外国商人和秘书对账的人，想想那些要为教堂和外国人墓地刻碑的石匠，还有那些铸造伪银因此要把字母写得"方正齐整"的铸币匠，我们由此更容易想象，在18—19世纪的广州和邻近地区，在不同程度上懂得"书写"拉丁字母的人，绝对不止通事和买办。

三、潘启官的英语

从《夷音辑要》的手迹看来，这些字是"描"出来而不是"写"出来的，读者不妨翻回本书第一章所示的黄东致班克斯的信函，便可以看出黄东的英文书法是比较纯熟的。除了黄东的信函外，在芸芸"班克斯书信"中，还有一封1806年发自广州的英文信函，署名"Puankheaqua"。

这封信的英文书法跟黄东那封同样纯熟，甚至不太有"描"的感觉，因而也不太像中国人的手迹。（图25）这个"Puankheaqua"是"Puankheaqua Ⅱ"，即潘启官二世，著名的广州洋行商人潘有度（1755—1820）。潘有度在官方登记的名字为"致祥"，在后世的著述中一般被称为Puankheaqua Ⅱ，以与其父Puankheaqua Ⅰ即同文行洋商潘振承（号文岩，1714—1788）区分开来。1788年，潘振承去世，潘有度接手担任同文行的洋商，时人和后来的研究者都对他赞誉有加，认为他不但财力雄厚，能力过人，而且信用甚佳。自1796年起，潘有度在万分不愿意的情况下肩负起"商总"或"首名商人"的职责，深得东印度公司的信赖。[13]在生意以外的其他方面，潘有度也尽力满足东印度公司的要求。当班克斯经东印度公司派遣英国皇家植物园园丁威廉·克尔到广州采集植物样本时，克尔得到潘有度许多帮助，经常在他的花园流连，这就是潘有度跟班克斯神交已久，有书信和礼物往还的原因。[14]

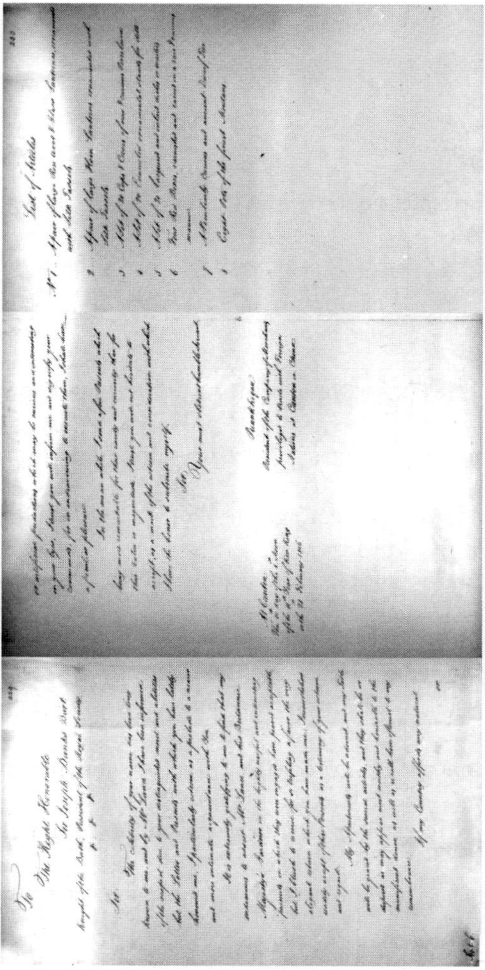

图 25 潘有度 1806 年 2 月 28 日致班克斯信函
图片来源：*Banks' Correspondence*，collection of the British Library © The British Library Board, Add. MS. 33981. 229-230.

以下是潘有度致班克斯信函的全文：

To Right Honorable

Sir Joseph Banks Bart.

Knight of the Bath，President of the Royal Society

Sir，

The celebrity of your name has been long known to me，and by Mr Lance I have been informed of the respect due to your distinguished merit and abilities but the Letter and Presents with which you have lately honoured me，I particularly esteem as a prelude to a nearer and more intimate acquaintance with You.

It is extremely gratifying to me to find that my endeavours to assist Mr Lance，and his Britannic Majesty's Gard'ner in the highly useful and interesting pursuits in which they were engaged have proved acceptable，but I blush to receive for so trifeling [trifling] a favour the very elegant return which you have made me；I nevertheless readily accept of those Presents as a textimony[testimony]of your esteem and regard.

My Apartments will be adorned，and my Table will be graced by the several articles，and they shall be so disposed as may appear most worthy and honourable to the magnificent donor，as well as recall him often is to my remembrance.

If my Company affords any natural or artificial products which may be curious and interesting in your Eyes，I trust you will inform me and signify your commands，for in endeavouring to execute them，I shall have a peculiar pleasure.

In the meanwhile I send a few presents which

being more remarkable for their rarity and curiosity than for their value or magnitude. I trust you will not hesitate to accept，as a mark of esteem and consideration with which I have to honor subscribe myself.

Sir，

Your most obedient humble servant

Puankhequa

President of the Company of Merchants

privileged to trade with Foreign Nations

at Canton in China

At Canton

The 10th day of the 1st moon

of the 11th Year of Kia King

or the 28th February 1806

List of Articles

No. 1　A pair of large Rosewood and Glass lanternes [laterns], ornaments with silk Tassels

No. 2　A pair of large Horn Lanterns ornamented with Silk Tassels

No. 3　A set of 20 Cups and Covers of new and curious Porcelaine [porcelain]

No. 4　A set of 20 Enameled ornamental stands for ditto

No. 5　A set of 20 lacquered and inlaid dishes or waiters

No. 6　Four Red Boxes, varnished and carved in a rare and curious manner

No. 7　A peculiarly curious and ancient Dwarf Tree

No. 8　Eight Pots of the finest Moutan⑮

我将之译成中文如下：

致尊贵的

班克斯爵士

巴斯骑士，皇家学会主席

爵士阁下：

阁下英名，闻之久矣。阁下德善功高，兰斯先生早已述之甚详，令人敬羡。近接阁下鸿雁厚礼，情尊意浓，愿缔结友好，俾能沾馨，不胜荣幸。

余助兰斯先生及大英女皇园丁一臂，本微不足道，能得阁下颔首，回以厚礼，殷殷情切，恭敬不如从命。恳接各物，满室生辉，当敬陈几桌，以示珍重，以表怀思。

如敝行各色天然或人工物品，能入阁下法眼，敬请垂告，自当奉上，能为阁下效劳，实荣幸之至。

随函谨奉上薄礼数色，贵在珍奇罕见，意在物

轻情重，聊表寸心，望能不弃，敬请收下。此致

爵士

您最忠实的仆人

潘启官

中国广州特许洋商商总

广州

嘉庆十一年正月初十日

1806 年 2 月 28 日

各色礼品

1. 酸枝木玻璃罩灯笼连丝穗壹对

2. 犀牛角灯笼连丝穗壹对

3. 新款珍奇瓷杯连盖贰拾套

4. 珐琅配架(衬上述瓷杯连盖)贰拾件

5. 镶边漆碟贰拾件

6. 精雕上漆红箱肆个

7. 珍奇古树盆栽壹盆

8. 顶级牡丹捌盆

这封以潘启官的名义写给班克斯的英文信函，真的是潘自己书写的吗？种种迹象显示，身为商总，潘有度写给外国人的许多书信，应该是他洋行的"伙计"代笔的。[⑯]也有一些资料显示，潘有度不时会找他的外国朋友帮忙写信。藏于美国皮博迪·埃塞克斯博物馆菲利普斯图书馆（Philips Library，Peabody Essex Museum）的蒂尔登日志（"Tilden's Journal"），是波士顿商人布莱恩特·派洛特·蒂尔登（Bryant Parrot Tilden，1781—?）在1815—1837 年到广州贸易的日志，当中细致地描述了他与潘有度及其他洋商的交往，其中提到他在 1817 年曾收到过潘启官给他的一封信，行文风格明显跟上述致班克斯信函不同，全文如下：

My good friend，Mr. Tilden _ On the 9th day and 8th moon(Sept 1817)I was favored with your letter.

I am obliged to you for your politeness-and also

that you have not forgotten me. It is now the beginning of No. 10 Moon(1st of November), and I beg to thank you for your second letter accompanying a box of good wine(old Madeira). You have been kind enough to send me so good a thing from such a long way! I beg to assure you, that every time I drink of it-I will remember you, my good friend.

Yesterday your cousin(Mr Brown) called here to buy some teas-which, though little, I don't mind, being for friendship sake. ＿ Your cousin now returned to you, and he has been kind enough to take charge of 25 catty box（33 ⅓ pounds）of papered Sauchong-(Pauchong-which means China tea done up in paper packages）and two handsome lackered [lacquered] boxes-10 catty each（13 ⅓ pound）of Hyson-of which I beg your acceptance.

As this ship goes in a hurry（chop！Chop！）I cannot say more，than to wish you and your family health and happiness，and that god may crown all your wishes with every deservable［desirable］success.

I remain，my good friend，Mr Tilden，your affectionate friend

Puankeiqua（his English chop，or stamp name affixed）

Written Chinese signature⑰

翻译成中文，此信大意是：

我的好朋友——蒂尔登先生，我在八月初九收到你的来信，欣喜万分。

对你的好意——以及你没有忘记我，我深表谢意！刻下是十月初，你第二封信连同一箱陈年马德拉酒已送达，我非常感激！你从远方给我送来那么好的礼物，实盛情可贵。我向你保证，每次我喝起马德拉酒时，都会记起你，我的好朋友。

昨天你的表亲布朗先生到我这里来买了一些茶叶——数量虽少，但念在友情，我并不介意。我请你的表亲为我给你带上一箱25斤的包种茶（用纸包装好的小种茶），用两个漂亮的漆箱盛载各10斤重的熙春茶，乞祈鉴领。

此船即将起行，我不能多说，希望你阖家安康愉快，上天保佑你万事如意。

我永远是我的好友蒂尔登先生的挚友。

潘启官（附英文名字或其他印章，中文名字签署）

据蒂尔登解释，这封英文书信实际上是潘启官口授，由他的表亲布朗（John C. Brown）执笔的。果真如此，为什么这封信件的英文如此口语化甚至有点"中式"

的味道呢？似乎这背后有非常实际的原因，蒂尔登日志的以下这番记述，给我们提供了看来十分合理的解释：

每当我们的中国朋友要致信外国人时，他们都会在我们当中秘密地寻找自己熟悉的朋友帮忙。

我经常为潘启官和其他中国朋友写信，为了保证我们写的内容跟他们口授的一致，他们会要求我们给他们念一遍，接着"再念一遍以确保无讹"。

然后，他们会秘密地请另一位番鬼朋友过来，让他把信函再念一遍，以确保无误，才把信封好寄出。说到这种灵巧的手法，我是有凭有据的——某日我碰到一个在英国公司工作的书记员，他说他刚刚给潘启官念过一封我为他写的信，交谈之下，我们又发现我也曾念过一些他给潘启官写的信。

要用我们与中国人之间交谈的术语来写一封英语信函以满足他们的需要——既让他们明白，又让他们对我们按照他们口授来默写的内容表示满意——其实并不容易，不过，我们会尽力迎合他们。⑱

由此，我们可以进一步做如下的揣测：第一，中国的洋行商人虽大多有自己的秘书（如果能请到一个像黄东这样的中国人当英文秘书肯定绰绰有余，但这样的例子应该是凤毛麟角），但他们往往会找外国朋友代笔写信；第二，如果这个洋行商人懂英语的话（哪怕只是"jargon"），他会用口授的方式（dictation，一般翻译为"默书"）把内容说出，让代笔人书写；第三，他会通过上述的机制——让代书人在他面前把书信朗读一遍——来"确保"内容正确无讹，然后请另一个外国人再念一遍以复查，换句话说，他具有一定的英语听力；第四，这些书信虽出自外国人的手笔，但为了符合中国商人的需要或感觉，其措辞和语法却带有中文和 pidgin English 的痕迹。

由此可以推测，上引潘启官致班克斯的信函，几乎可以肯定是他请外国朋友帮忙代书的，语气也比较正式，而那封给蒂尔登的信，则是用上述"默书"的办法写的；至于本书第一章引用的黄东的那封信，如果是他自己写的话，那是因为他年轻时曾在英国生活过，英语能力甚佳。换句话说，黄东具备较佳的书写能力，潘启官的书写能力则较弱。不过，至少就潘启官的例子而言，他"说"的能力是有的，但可能只有单向的口授（oral instruction/dictation），要做到双向的会话（conversation）则比较费劲。蒂尔登的日志详细地记载了他在1819年某日应邀到潘启官家享用一顿非常丰盛"chopstick dinner"（"筷子晚宴"，即中式晚宴）的情景。当天，潘启官似乎用英语跟他们说了不少话，以下是其中一段：

Now my flinde…. My now hab more as 64 year olo… you hab no more as 37; so fashion, my now, chin chin Josh for take toe much care for you, you wife, and you childes. My now chin chin Josh one time more for make sende home you long you chip for see she ［wife］and all you flindes, -and now my flinde, my chin chin! For you to catche plenty plofit, and den come one time more for make see my.

蒂尔登把它"翻译"成更"易懂"的英语（plainer English）如下：

And now my friend! I am 64 years old and more, you are only 37——therefore after this manner I pray that God may take you in charge also your wife and children, … and furthermore, I pray God that you and your ship may have a safe and short passage to see her and all your friends. And finally my friend, I pray that you may make a profitable voyage, and came again to see me. [19]

（中文大意：好了，我的朋友，我已经64岁有余了，你不过37岁，因此，我求上天保佑你及你的妻儿……还有，保佑你尽早平安回家，与亲朋重聚。最后，我的朋友，我敬候你一帆风顺，一本万利，后会有期！）

有关当时中国洋商说英语的记载，我们在后来出版的多种外国人的游记，如威廉·亨特的《广州"番鬼"录》中也不难找到。据吴义雄研究，一些十三行商人如广利行行商卢文锦之弟、同顺行行商吴天恒之胞兄吴天显当时亦被认为属"能解夷语"者。[20]上引潘启官的英语发音虽不"准确"，但蒂尔登是能够听懂的，否则也做不了"翻译"，这让我想到上引蒂尔登说如何帮中国人写信的其中一个要点——"要用我们与中国人之间交谈的术语来写一封英语信函以满足他们的需要——既让他们明白，又让他们对我们按照他们口授来默写的内容表示满意——其实并不容易，不过，我们会尽力迎合他们"——是何等的别具深意。这些历史情景，让我们想到 pidgin 现象"接受方"的问题——外国人也需要一个学习和适应的过程，掌握 pidgin English 的词汇和发音规则；而为了达到沟通的目的（在某种程度上就是"迎合"对方），已经具备一定理解 pidgin English 能力的外国人，在用母语为对方书写信函时，采取的策略是磨合、顺应甚至妥协，而非纠正。

四、说得了，听得差，看不懂，但能教

在"四会"能力中，"写"可能是最难的，潘启官的例子似乎就能够说明这点，而"说"的能力，则往往可以辅以身体语言和场景，相对容易达致。本书第二章提到的哈丽雅特·洛给她家人的书信和日记里，有时也会把她的中国仆

人说的英语直接记述下来，以下是其中一个例子：

> 1831 年 10 月 6 日早上，我坐在自己的房间里，其中一个中国仆人阿苏（音译，Assow）对我说："Miss Haya，Company's butler wanchy see you. I have talky he master have go Canton；but he say no wanchy see master，wanchy see that lady called Miss Low."[①]
>
> （中文大意："哈雅小姐，公司的管家想见你，我跟他说主人去了广州，但他说他不是要见主人，而是要见一位叫洛小姐的女士。"）

由此可见，在洛家工作了一段时间的仆人，已能说出比较完整的、足以让他主人听懂的句子了。那么，这些华仆听的能力又如何呢？研究者很难有什么一手资料赖以判断，不过，从当时一些外国人的"怨言"看来，他们的听力很差劲，甚至等于零，有时候也有可能是故作听不懂，因此经常出现一些"鸡同鸭讲"的情形。查理斯·唐宁在《番鬼在中国》(*The Fan-Qui in* China)中谈到，他在澳门与一些旅馆侍应打交道时就发现，只要他多问一句，对方就几乎无言以对，整个对话又得重新开始。他说：

澳门唯一一家英式旅馆是一个叫马奎克(Marquick)的人经营的，他在广州也经营了一家更大的英式旅馆。……这家旅馆的仆人全是华人……他们假装懂得葡萄牙语和英语……英国人和中国人之间的对话有时听起来十分荒谬……他们把三种语言(葡萄牙语、英语和中文)混在一起。……一般认为，这些在旅馆工作的仆人比渔民的地位高，衣着也较讲究，常常是一身蓝衣白裤。……客人甫至，他们即迎上前来问道："You catchee dinner? can?"[你要用晚饭吗？要吗？]，同时把眉毛翘得高高。客人欣然点头曰"Can"[要]，他便明白，并走到客人的前头，领之前往餐厅。倘若客人问到其他问题，无论你认为这些问题如何切合当时的情景，他都会凝望着你，像个白痴似地回答："No sa-a-vex"［不晓得］，那你就得把话再说一遍，他才会有所动作。②

似乎，在酒店工作的这个仆人只能说些短语，而且听英语的能力比较差。唐宁这段话，还有好几点值得注意。其一，迟至19世纪中，华仆说的英语仍然夹杂着汉语和葡萄牙语，他们说"不晓得"时，不是用英语说"I don't know"，而是用葡萄牙语说"No sa-a-vex"，这解释了为什么上述"红毛番/鬼话"系列的英语教材，在绝大部分内容都是英语的同时，对应"晓得"和"唔晓"（"唔"是粤语，即"不"的意思），用的分别是葡萄牙语"沙鼻"（savvy）和"哪沙鼻"（no savvy）。其二，"You catchee dinner? can?"一句，不论就语法还是发音而言，在pidgin English中都十分常见，即以"主语＋动词＋宾语"为句格，用语气来表示疑问，而在发出"ch"一类的尾音时，由于这是中文（包括粤语）没有的，本地人往往念成像"池"字的发音，俨如在"ch"后加上"ee"这个元音。按马礼逊1834年出版的《中国通商指南》所附词汇表，"catchee"是"To get, to bring, to find, &c.; also to become"的意思。②其三，唐宁也注意到这些在旅馆工作的仆人，"比渔民的地位高，衣着也较讲究，常常是一身蓝衣白裤"，这除了是他个人的观察外，很可能也是他从中国人处得知一些本地的社会状况，因此把仆人和渔民相提并论。其实，如果我们联系本书第三章有关"水上人"和"引水人"的讨论，便不难想象这些仆人当中，很可能也有一些出身自水上人家，所以才有渠道也愿意为洋人打工，不过，一旦他们"上了岸"，换上一身"蓝衣白裤"，"身价"便有点不同。要知道，"白裤"不是在户外劳动的人穿得了的。哈丽雅特·洛的日记中附有一张她家里的华仆的肖像，果真是一身"蓝衣白裤"，恰好印证了唐宁的描述。（图26）

图 26 "阿朋(音译，Apung)，洛太太家的事仔，中国澳门"，出自露西·希勒·克利夫兰(Lucy Hiller Cleveland)的素描本，皮博迪埃塞克斯博物馆藏。图中可见这个事仔的确是一身蓝衣白裤。

Lucy Hiller Cleveland, Apung. The Boy at Mrs. Low's / Macao China, 1826-1830, Watercolor on paper.

图片来源：Gift of Mary T. Saunders, M1347, Courtesy of Peabody Essex Museum.

至于当时略懂英语的中国人的阅读能力（reading，包括阅读理解和朗读）如何，我们也是难以判断的，但我们可以估计，他们"阅读"的需要其实不多。对于仆人而言，他们最需要"看懂"的往往是人名和地址，以达成送信的任务，但我们从一些当时的实物材料看，很多这些在广州外国商人间流通的信件，是有人在信封上用中文注明姓名和地址的。再者，由于当时住在广州的外国人口有限，与其说送信者"看懂"收信人的名字和地址，不如说他知道收信人是谁和住在哪里。

朗读能力又如何呢？蒂尔登也观察到，他每次到广州聘请的仆人尽管都会讲一点"广州英语"（原文作"Canton lingo"），但他们压根儿不会尝试阅读和书写，然而，在某些情况下，他们也会用英语朗读。蒂尔登说：

他们都说着一些奇怪的广州英语，是由某些年老的教书先生或已退休的仆人教授的——他们也堪称番鬼语言的专职教师了。至于阅读和书写英语，他们是不会尝试的，但他们保管我们的记录和会计，也会用英语向我们朗读。有时候，他们会狡猾地让我们先朗读，以便知道我们是否正确，是否有疏漏或其他问题。㉔

我们知道，过去许多涉及数字的会计和对账工作，是用"喊数"的方式进行的，如果我没有理解错的话，上述蒂尔登提到的情景，是说中国仆人在跟他的洋主子对账时，采取了大声朗读的方式，来表现出他们诚实无讹。由此可见，当时略懂英语的中国仆人，在需要的时候，也会勉为其难地使出他们有限的朗读能力。这种特殊的需要，也解释了上文讨论过的几种 19 世纪出版的英语学习工具书，为何头几页教的都是数字。

我们也不应忽略，对于目不识丁的人来说，口传心授是最重要的学习方式。蒂尔登提到的"某些年老的教书先生或已退休的仆人"担当"番鬼语言的专职教师"的情况，当时其他外国人也有提及。马礼逊1844年出版的《中国通商指南》说：

广州、澳门和其他邻近地区的本地人，一般都被聘为家佣。他们大多十分称职，尽管他们在对话的时候往往用词不当，引起诸多误会。在自认为合资格受雇之前，都会接受一点他们认为够用的英语教育，包括用一些以中文字书写的中英词汇对照表，还有一些按中文成语创制的英语词汇。广州经常有几个人以教孩子有关商馆与店铺的英语为生，以便他们能跟外国人打交道。㉖

"红毛番/鬼话"系列的英语教材，至 19 世纪中很可能开始逐渐退场，19 世纪中至下半叶在市场出现的英语教材，虽仍用中式雕版印刷，但内容结构已更完备，收录词汇更多样，且增加了大量短语。较早的例子，有 1855 年协德堂藏板（香港？）和 1860 年重订、香港西营盘恒茂藏板的《华英通语》，日本福泽谕吉在 1860 年出版的《增订华英通语》（东京快堂藏板）就是在此基础上编纂的。[⑳] 1862 年，广州纬经堂出版的六卷本《英语集全》，由唐廷枢编纂，亦可谓新一代英语教材的表表者。这部用传统木刻方式在同治元年（1862）由广州纬经堂出版的六卷本《英语集全》，是唐廷枢编纂的。唐廷枢生于香山县，其父受雇于澳门马礼逊教会学堂，因而得以在小时候入读该学堂学习英语，后来在香港和上海任翻译。《英语集全》出版次年，他加入怡和洋行任总买办，从此平步青云。有关唐廷枢的生平和《英语集全》的概况，以前已有较多学者讨论过。[27]在这里，我只选取该书卷六《问答》一章，"早晨讲话""请事仔"等项，看看当时华仆要学习什么和怎样学习实用英语。在"早晨讲话"中，洋主人和华仆有这样一番对话：

抽一盘水来。

Chow yat poon shui loi

Bring me a basin of water.

布绫末缒敝臣阿乎蜗打　　又曰　　布绫温敝臣蜗打

你有炕定多士唔曾？

Ni you hong ting to se m tsang?

Did you prepare any toast?

哗乎哝铺厘啵晏尔叨士[28]

从以上例子可见，《英语集全》延续了"红毛番/鬼话"等教材用粤音标记英语读音的做法，但较之前的教材更"先进"之处，是它更接近卫三畏编纂的《拾级大成》，即每一条目的第一行是中文说法（主要是粤语说法，甚至标明是"广东番话"的"粤化英词"，如上述例子的"多士"即"toast"，至今仍然沿用），第二行以拉丁字母标示粤语读法，第三行是该句中文的英文说法，第四行则是英文句子的读法，用粤语标音。换句话说，该书同时达到中国人学英语和外国人学粤语的目的，内容也较《拾级大成》实用。唐廷枢是香山人，受过较系统的英语教育，任职翻译多年，他编写的英语句子，语法大体正确，内容相当实用。他在自序里说，之所以用粤语标音，是因为"粤东通商百有余载，中国人与外国人交易者，莫如广东最多，是以此书系照广东省城字音较准"㉓。不过，华人如果根据粤语标音来读出英语词汇和句子，外国人大抵须适应一段时间，掌握某些规律，才能听懂他们说什么。因此，相信这主要是一套"辅导教材"，必须有朗读英语能力较佳的人亲身指导，才有可能奏效。对于华人来说，这本在广州出版的教材可说是粤人专用的，唐廷枢编纂此书时，中国五口通商已有20年，唐自己也很可能频繁往返于广州、上海、香港、澳门之间，应该不会忽略非粤人的需要，但上海开埠初期，不少买办来自香山，故此《英语集全》一时仍能合用，而到了19世纪中后期，就陆续出现用其他方言（如吴语）或官音注音的英语教材了。③不过，此时中国口岸城市的英语教育，已有较多可能性，与广州独口通商时期"几个人以教孩子有关商馆与店铺的英语为生"的情况不可同日而语，六册本的《英语集全》虽详尽实用，但时移世易，流行程度可能远远不及当年粗疏短浅的"红毛番/鬼话"系列。

不可忽略的是，用粤语标音和释义的英语教材，一直到19世纪甚至20世纪仍以各种形式存在，这是由于随着香港开埠，旧金山（三藩市或圣弗朗西斯科）和新金山（墨尔本）激发起的寻金热和各种工作机会，吸引原来较熟悉外部世界的粤人大量流动至海外，用粤语标音的英语学习手册，在海外大有市场，但印刷已比《英语集全》更为精美。例如，1867 年在三藩市出版的《华英通语》(*Chinese and English Phrase Books*)，作者一方面要教中国人学英语，另一方面也试图让外国人用同一本书学习中文和粤语，因此他在英语序言中说："出版这本小书的目的，是帮助各阶层的市民，尤其是商人、船主、工头、旅客，学会一些粤语的基本和实用知识。"其中"请事仔"一节，就和唐廷枢的《英语集全》"请事仔"一节的内容一模一样。㉛光绪十四年（1888）在纽约出版的《英语不求人》(*A Chinese and English Phrase Book in the Canton Dialect*)，也有"做厨"等内容，亦是英文粤语并列。㉜（图 27）

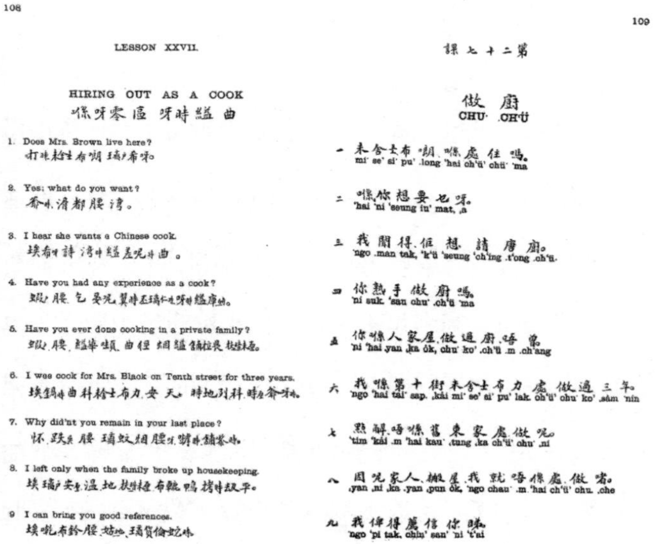

108

LESSON XXVII.

HIRING OUT AS A COOK

1. Does Mrs. Brown live here?

2. Yes; what do you want?

3. I hear she wants a Chinese cook.

4. Have you had any experience as a cook?

5. Have you ever done cooking in a private family?

6. I was cook for Mrs. Black on Tenth street for three years.

7. Why did'nt you remain in your last place?

8. I left only when the family broke up housekeeping.

9 I can bring you good references.

109

課七十二第

做廚
CHU· .CH'Ü

一 未舍士布朗、喺處住嗎。
mi' se' si' pu' .long 'hai ch'ü' chü' 'ma

二 喺、你想要乜呀。
'hai 'ni 'seung iu' mat, .a

三 我聞得、佢想、請唐廚。
'ngo .man tak, 'k'ü 'seung 'ch'ing .t'ong .ch'ü.

四 你熟手做廚嗎。
'ni suk. 'sau chu' .ch'ü 'ma

五 你喺人家屋、做過廚、唔曾。
'ni 'hai .yan .ka ōk, chu' ko' .ch'ü .m .ch'ang

六 我喺第十街未舍士布力處做過三年。
'ngo 'hai tai' sap. .kái mi' se' si' pu' lak. ch'ü' chu' ko' .sâm 'nin

七 點解、唔喺舊東家處做呢。
'tim 'kái .m 'hai kau' .tung .ka ch'ü' chu' .ni

八 因呢家人、搬屋、我就唔係處、做嗟。
.yan .ni .ka .yan .pun ōk, 'ngo chau' .m 'hai ch'ü' chu. .che

九 我俾得薦信你睇。
'ngo 'pi tak, chiu' san' 'ni 't'ai

图 27　光绪十四年(1888)在纽约出版的《英语不求人》课文一例，图左用汉字按粤语标音教中国人学英语，图右用拉丁字母标音教外国人学粤语，内容一致。

图片来源：Thomas Lathrop Stedman and K. P. Lee, *A Chinese and English Phrase Book in the Canton Dialect*, New York, William R. Jenkins, 1888, pp. 108-109.

五、20 世纪末的遗存

用粤语标音学习英语，一直到 20 世纪下半叶香港出版的"通胜"(历书)收入的"华英通语"仍有所沿袭。己卯年(1999)香港广经堂版"包罗万有"的通胜中，"华英通语"只有寥寥数页。在列出英文字母的正楷和草书的大小写法后，第一类教授的词语，仍然是"数目、生意、日常通用词语"，第一个要学的字，依然是"温"(one，壹)，而第一句要学的句子，还是"屈都要王拖悲"(What do you want to buy? 买乜货)。至于"人物、天文、地理、宫室、交通名词"，可能因为过去英治香港情景的惯性，第一个要学的人物名词尽管中文仍然是"皇帝"，但英文则是"倾"(king)而不是"鼻利"(emperor)，排在第二位的是"坤"(queen，皇后)，第三位的是"万你乍"(manager，经理)，旧词"苏批加鼓"(super-cargo，大班)仍然保留。也有与时俱进之举,如加入"德律风"(telephone,电话)、"德律威臣"(television,电视机)、"威亚哩士"(wireless,无线电)等。[3]尽管用这种方法学习英语的人已少之又少,但这种学习外语读音的方式,这种词汇排列的次序,难道不是清代"广州英语"教材无意识的延续?

如果我们以黄东和比他更早的先锋作为一个模糊的历史起点,然后在脑海中想象那些在广州以教孩子有关商馆与店铺的英语为生的人,再用"红毛番/鬼话"系列的小书加以凑拼,最后再用19世纪中以后更为详尽的实用英语教材加以排比,大概便可看到"代代相传的英语课"是如何传授的。在翻阅这些材料时,我们不必评价时人的英语是否"标准"或"正确",我们更应该试着去了解的是,他们在什么场合下如何使用一套行之有效的方法,掌握所需的英语能力,达致沟通和谋生的目的。我们有幸在课堂受过正规英语教育的人,应学会理解前人如何在条件有限的环境中,发挥创意传授知识。

注　释

① 见本书第一章引 *The Bee* 杂志 1775 年 2 月 18 日信函。

② 有关 18—19 世纪中 pidgin English 在广州的学习情况，吴义雄已有专文探讨，见吴义雄：《"广州英语"与 19 世纪中叶以前的中西交往》，载《近代史研究》，2001(3)。

③ (清)印光任、(清)张汝霖：《乾隆澳门纪略》卷下《澳蕃篇》，见《中国地方志集成·广东府县志辑 33》，69 页下～70 页上，上海，上海书店出版社，2003。

④ 本人母语为粤语，为免受个人偏见影响，乃请厦门大学郑莉教授用闽南语按汉字念出上述各词，听起来有相当部分的发音亦与葡萄牙语发音吻合，唯"波打些芦古"和"事打的"二词中的"打"字，闽南语念成"pa"，粤语则为"da"，后者比较接近相应葡萄牙语字词的"tas"和"na"的发音，由此确认此批字词乃按粤语发音。

⑤ (清)印光任、(清)张汝霖：《乾隆澳门纪略》卷上《形势篇》，见《中国地方志集成·广东府县志辑 33》，17 页上，上海，上海书店出版社，2003。

⑥ Paul Van Dyke, *The Canton Trade: Life and Enterprise on the China Coast, 1700-1845*, Ch. 5, "Linguists."

⑦ William Hunter, *The "Fan Kwae" at Canton, Before Treaty Days 1825-1844*, pp. 63-64. 其中"变通的情况就更加明显了"一句，原文较长，我将之压缩并作意译。

⑧ 见[日]内田庆市、沈国威编著：《言语接触とピジン：19 世纪の东アジア》，东京，白帝社，2009。

⑨ 相关研究除了上揭内田庆市和沈国威编的文集中收录各文外，还应该参考：上揭吴义雄文；周振鹤：《逸言殊语(增订版)》，上海，上海人民出版社，2008；Kingsley Bolton, *Chinese Englishes: A Sociolinguistic History*, Cambridge, Cambridge University Press, 2003, 尤以 pp. 169-172

最直接相关；还有司佳：《近代中英语言接触与文化交涉》，上海三联书店，2016，以及其一系列相关著作。近年相关论文有邱志红：《"鬼话"东来："红毛番话"类早期英语词汇书考析》，载《清史研究》，2017(2)。

⑩ 这里"lai 3"和下面"lai 1"乃按粤语九声声调数值标示，分别相当于"33"和"55"两个音阶值。

⑪ 如上文提到的 *Chinese and English Vocabulary*。

⑫ 关于"呀囒"这个词和这种物料在广州的历史，本人已有专文论述，见程美宝：《试释"芽兰带"：残存在地方歌谣里的清代中外贸易信息》，载《学术研究》，2017(11)。西班牙词"grana"与英语"grain"同义，即"谷粒"的意思，相当于中国人用"米"字来形容这种原料的形状。

⑬有关潘有度较深入详细的研究，参见陈国栋：《潘有度(潘启官二世)：一位成功的洋行商人》，见《东亚海域一千年：历史上的海洋中国与对外贸易》，309～348 页，济南，山东画报出版社，2006；又见 Paul Van Dyke, *Merchants of Canton and Macao：Success and Failure in Eighteenth-Century Chinese Trade*, Hong Kong, Hong Kong University Press, 2016, Ch. 3, "Poankeequa 潘振承 and Family 1748-1788"。在本文引用的原始材料中，"Puankhequa"有时又作"Puankeiqua"，拼写并不统一，本人一律按原文写法，不擅作更改。

⑭ 参见 Fa-ti Fan, *British Naturalists in Qing China：Science, Empire, and Cultural Encounter*, p. 34。

⑮ *Banks Correspondence*, collection of the British Library, Add. MS. 33981. 229-230.

⑯ 陈国栋：《潘有度(潘启官二世)：一位成功的洋行商人》，见《东亚海域一千年：历史上的海洋中国与对外贸易》，334 页，济南，山东画报出版社，2006。

⑰ Tilden 7（Ship *Canton*, 3rd Voyage to China, 1818-1819），no pagination, collection of Philips Library, Peabody Essex Museum. 圆括号的内容为 Tilden 的说明，文中的大小写、标点符号如一些连字符和下画线的

运用，皆按原文照录，下同。

⑱　Tilden 7（Ship *Canton*, 3rd Voyage to China, 1818-1819）, no pagination, collection of Philips Library, Peabody Essex Museum. 原文有一两处故意用 pidgin English 表述，以模仿中国人的语气。

⑲　Tilden 7（Ship *Canton*, 3rd Voyage to China, 1818-1819）, no pagination, collection of Philips Library, Peabody Essex Museum.

⑳　吴义雄：《"广州英语"与 19 世纪中叶以前的中西交往》，载《近代史研究》，2001（3）。

㉑　Elma Loines, *The China Trade Post-Bag of the Seth Low Family of Salem and New York*, *1829-1873*, p. 144；Nan P. Hodges and Arthur W. Hummel eds. , *Lights and Shadows of a Macao Life*：*The Journal of Harriett Low*, *Travelling Spinster*, Part One 1829-1832, p. 269（dated October, 6, 1831）.

㉒　Charles T. Downing, *The Fan-Qui*, *or Foreigner in China*, Vol. I, p. 36.

㉓　John Robert Morrison, *A Chinese commercial guide*, *consisting of a collection of details respecting foreign trade in China*, Canton China：Printed at the Albion Press, 1834, "Glossary of words and phrases peculiar to the jargon spoken at Canton", no pagination.

㉔　Tilden 8, "Journal of Seventh Voyage to China via Batavia, Manila, and Europe. Ship *Constitution*. W T Glidden Master, B P Tilden Supercargo and Charter（1836），" pp. 130-131, collection of Philips Library, Peabody Essex Museum.

㉕　John Robert Morrison, *A Chinese Commercial Guide*, *consisting of a collection of details respecting foreign trade with China*（*Second Edition*, *Revised throughout*, *and made applicable to the trade as at present conducted*）, Macao：S. W. Williams, 1844, p. 162.

㉖　这些例子承蒙我的同事黄海涛先生提点，黄先生曾就有关文献

撰文。

㉗ （清）唐廷枢：《英语集全》卷六，37、41 页，同治元年广州纬经堂本。关于唐廷枢编撰此书的背景和此书的结构，见上引吴义雄文。

㉘ （清）唐廷枢：《英语集全》卷六，37、41 页，同治元年广州经纬堂本。"你有炕定多士唔曾?"意思是"你烤好面包片没有?"。

㉙ （清）唐廷枢：《英语集全》卷一，序页 4，同治元年广州纬经堂本。

㉚ 有关讨论，可参见拙文《粤词官音：卫三畏〈英华韵府历阶〉的过渡性质》，载《史林》，2010(6)。

㉛ Benoni Lanctot, *Chinese and English Phrase Books*, *with the Chinese Pronunciation indicated in English*, *specially adapted for the use of merchants*, *travelers*, *and families* 华英通语, San Francisco, A. Roman & Company, 1867, pp. 21-23.

㉜ Thomas Lathrop Stedman and K. P. Lee, *A Chinese and English Phrase Book in the Canton Dialect* 英语不求人, New York, William R. Jenkins, 1888, pp. 109-111. 上揭邱志红文还提到晚清光绪年间广州五桂堂出版的《红毛番话贸易须知》，不论封面或内容均与 19 世纪上半叶出版的"红毛番/鬼话"教材基本一致。

㉝ 《广经堂通胜》(包罗万有版，己卯年)，香港，汉明兄弟印刷厂，1999。粤语"书"与"输"同音，粤人以"输"字不吉利，乃取一个同音反义字，称"通书"为"通胜"。

序曲：
说好的"大世界"呢？

不经意间谈到 1999 年，到 20 世纪末了，小人物算是闪亮登场了，说好的大世界呢？

"世为迁流，界为方位"。黄东所在的"界"——空间——亦有亦无。在省城西关的商馆区打滚过一阵后，他随英国东印度公司的船员登上洋船，从珠江口出发，遍历许多暗礁，进入广袤的洋面。这片洋面连接着一个又一个港口，让黄东和许多跟他情况相若的小人物，在许多东西方的大人物未敢逾越东西时，下南洋，出西洋，到 19 世纪更横跨太平洋，落脚美利坚。在 18 世纪，对清廷来说，黄东"离境"，属被"夷人夹带"或"偷载出洋"，地方官是要照讳盗例革职的。[①]但对外国而言，黄东"入境"，似乎不需要什么签证或居留证，尽管这不等于说他会得到"平等对待"，毕竟他是一个"外人"（strangers）。

更值得讨论的是，黄东身处的"世"——时间——是长是短不好说。用中国纪年来说，是乾隆中后期到嘉庆初年，有人说这段时期标志着中国"由盛转衰"；用西方纪年来说，好像不过就是一个数字——18世纪。然而，近二三十年，史学界曾流行过一个名为"漫长的18世纪"（long eighteenth century）的说法，也许有助我们用另一个角度思考这个时代。简单来说，这个说法的意思就是，18世纪在许多方面俱承前启后，好些貌似停滞的现象是17世纪甚至更早的传统的延续，好些细微的变异则为19世纪出现的大变局的铺垫。世纪不过是人为的数字，所谓"承前启后"似乎是必然的，"漫长的18世纪"的意义在于回应中外历史皆有的"传统—现代"叙事方式。例如，有些英国历史学家以1688—1832年作为"漫长的18世纪"的起讫点，目的不在于强调1688—1689年光荣革命的影响，而在于点出18世纪许多方面的发展，尤其是政治和宗教等范畴，皆属17世纪末的延续；而19世纪发生的许多急速变化——人口激增，工商繁荣，交通发达——在18世纪下半叶已见端倪。[②]英语世界的中国历史研究者也有类似的见解，韩书瑞（Susan Naquin）和罗友枝（Evelyn S. Rawski）在1987年编撰出版《十八世纪中国社会》（*Chinese Society in the Eighteenth Century*）一书时，便开宗明义地说该书所论述的18世纪，系指1680—1820年亦即清初至清中叶期间。她们认为，此段时期发生的社会变迁至为关键，因此也是最自然不过的分析时段（the most natural period for analysis）。借用布罗代尔（Fernand Braudel）"长时段"（longue durée）的概念，探讨此段时期逐步出现的各种变化，尤其是经济的发展与多元化及其带动的人口增长和社会流动，对理解许多中期现象和短期事件不无裨益。[③]

我们不妨把"漫长的 18 世纪"看成一个比喻，这段时期，在我们备受 19 世纪的历史和历史观影响的 20 世纪人类看来，很朦胧，很缓慢。的确，黄东在英国时，世界各地包括英国的步伐是很"慢"的——1751 年乘马车从伦敦去牛津要花上两天，1828 年则是六小时——我们可以想象，黄东 1775 年从伦敦去一趟牛津至少也得要一至两天吧。黄东跟老布莱克住在伦敦，也许颇能感受一些城市气象，但当时英格兰百分之八十五的人口仍住在居民少于一千的乡村或小市镇里，乡郊大部分的土地则掌握在少数的贵族和绅士家庭手中。④那时的英国，仍是一个"贵族—平民"的等级（hierarchical）社会，而不是一个"资产阶级—无产阶级"的阶级（class）社会。黄东生活在老布莱克先生、班克斯爵士、多塞特郡公爵等重重荫庇（patronage）的圈子里，属于现在所说的"慢活"，相信感觉颇悠游，但不一定很自在。

黄东当然不会想象得到，这个显得有点"慢"的洋人社会，正是逐步以贸易和建立殖民地的方式在全球扩张的大英帝国。那时候的英国政府，不一定有一张很清晰的帝国扩张蓝图，但国家对资源的索求，商人对利润的追逐，绅士或准绅士们对博物和东方文化的兴趣，以及三者的结合，成就了英国19世纪在世界的政治和经济地位。黄东也许没有完全明白为什么布莱克父子要花那么大的气力去搜集各种植物资料，小心翼翼地把种子寄回英国，要他解释这解释那；为什么班克斯对中国的万事万物都那么感兴趣，老是向他问东问西；为什么那位波特兰公爵夫人，不过一介女流，却要他辨识中国皇帝的年号，换算中西纪年；为什么东方学家琼斯念念叨叨，老是要他帮忙翻译《诗经》。黄东对各人的问题有问必答，尽量满足各方的需求，甚至回到广州，也不忘向他的英国朋友寄书籍和手信。黄东看来是个尽职的"事仔"，可靠的朋友。当然，他回国后以外贸为生，我们也可说他懂得礼尚往来的营商之道。

循着这个引喻，19世纪就显得很急速了。我们不知道黄东何时去世，假定如上文所说，1775年他年约20，鸦片战争前夕他已经80多岁了，以当时的人均寿命算，谅必不在人世——顺便一提，班克斯和潘有度这两位通过书信神交的朋友，不约而同在1820年去世，前者享寿77，后者65，都没有亲睹中英战争的一幕——无论如何，黄东很难想到，他住过六七年、结交了许多朋友的那个国家，后来会派军舰远征，封锁广州、厦门，长驱直上，攻占定海，直抵津门。继而又从虎门入黄埔，兵临省城，闯入三元里，登上镇海楼。不要说乾隆时人黄东难以想象道光年间的事，那位在19世纪初多次去广州做生意的美国商人布莱恩特·蒂尔登，便曾在他的私人日志里感叹说，他在广州的头几年(1815—1819)，经常到行商的别墅和花园共进晚餐，彼此友好殷切，日子过得惬意非常，但时至 1836—1837 年，此情此景竟一去不复返。⑤不足廿年，便时移世易，物是人非。

我们无意用历史目的论来倒叙黄东的故事，我们是要理解，中国在 19 世纪发生的许多变化，是否如大家已经熟知的近代史论述所说，是由鸦片战争的炮火引爆的。我们有没有想过，五口通商、洋务运动、华工出洋、幼童留美，除了我们熟知的历史人物外，还有哪些默默无闻的推动者？如果鸦片战争前的中国都是"封闭"和"停滞"的，哪里能突然冒出一群乐意冒险或可以胜任的小人物，在新时代扮演各种角色——在石叻坡（新加坡）经商、后来被清廷任命为驻新加坡领事的胡璇泽（Hoo Ah Kay Whampoa，1816—1880），在马六甲受洗、后来在广州刊行《劝世良言》的梁发（1789—1855），在广州跟随伯驾学西医的关韬（Kwan Ato，1818—1874），等等，都是后来载入 19 世纪的史册的人物，但他们的背景，可能跟黄东和前面述及的仆人、引水人差不多。人称"黄埔先生"的胡璇泽，更是出身于洋船停泊锚地所在的黄埔村。其实，不论中外历史，套用"漫长的18世纪"这个说法所共同针对的，都是来势汹汹的、披上"现代"这件外衣的19世纪。以中国历史的论述而言，说18世纪"漫长"，是因为它不像19世纪那么急速地"被列强用炮火打开大门"，再来"自强""中兴"，然后"变政""革命"，最终走向新世纪。不论对中国还是对世界其他各国而言，19世纪都像一队勇往直前的大军，仿佛有意识地推动着历史的步伐前进；18世纪则像个慢条斯理的老太太，用她一套粗糙笨拙的方法，不声不响地为下一世代铺路，而且无声无息地残存了好一段时间，例如，本书第四章所说的"代代相传的英语课"，就属于这种"粗糙笨拙的方法"，但它一直延续到20世纪。我们都知道，时间的快慢长短不过是感觉，18、19世纪谁快谁慢，谁传统谁现代，在于历史如何书写。因此我们说，所谓"漫长的18世纪"，不过是一种理解历史的引喻。其实，许多历史的写法，难道不是更像夹杂事实与神话的修辞（rhetoric）？

　　细心的读者应该已注意到本书第三、第四章所用的文献，不少是19世纪甚至有少部分是20世纪的，与第一章跟黄东直接相关的18世纪的文献及其所呈现的事实，颇有一些距离。其实，文献的"缺失"，何尝不是在说明一个史学和史料的问题？首先，为什么有些史料"不存在"？说不定是历史的主人翁跟后世的治史者开的玩笑。我们不要忘记，黄东"离境"是违法的，他与洋人关系如此密切，即便不被说成是"汉奸"，也会被认为是"贪其货财"的"无赖民人"。他回到广州之后，何必将他在英国的所见所闻书写下来，留之于世？也许他写过，但到底没有付梓，也就没有留下来。其次，正如本书所言，过去大部分的老百姓识字不多，是用口传心授的方式传递知识和信息的，自然也就没有留下许多痕迹。最后，我们还需注意有一个"手稿"

的阶段或状态，第四章论述代代相传的英语教材便举出好些例子了，有些手稿后来成为粗拙的木刻小书，在当时或许大量印制，但这类书籍在中国社会长年被不屑一顾，罕有保留下来，这也是为什么大量这类史料都藏在海外。18世纪与19世纪之间的"缺口"，从史料的角度看，经历的就是上述各种情况。因此，本书所用的都是一些"操作性"的史料，也就是说，黄东无意流芳，也不自视为文人，没有出版什么游记或自传，关于他的材料都是他为布莱克父子打工时的笔记或外国人的叙述，我们听不到一个黄东自述的故事，而只能从这些笔记中推敲他为何这样或那样"留痕"。第三、第四章的资料，像外国人学中文和中国人学英语的小书、中国人用以辨识银元的手册，都属于时人的实用出版物，我们用旁敲侧击的方法，去理解这些书籍为何这样或那样编纂，从中可以提取什么，来折射许多可能的情景。借用人类学家和其他研究者收集得来的当代人的歌声，也是为了提醒自己，历史上大量的"史料"，是以口述的方式存在过的，但大多已随风而逝，而以文字方式存在的史料，只是极少的部分。

18 世纪甚至更早造访欧洲的中国人，当然不止黄东一人。早在 17 世纪末，南京人 Mikelh Xin（又作 Michael Shen，一般音译为沈福宗或沈复聪）便被耶稣会传教士带到欧洲，并在牛津大学协助整理中文图书。⑥1702 年，福建人黄日升（过去按其西方教名"Arcadio"译作黄嘉略或黄加略）到达罗马和巴黎，协助编撰汉法字典。⑦据陈国栋研究，清初去过欧洲的人至少还有山西人樊守义（教名 Louis），以及来自爪哇的华人"祖国的威廉"和周美爹；至乾隆年间（1736—1795），除了黄东和陈佶官（音译，Tan Chitqua）外，还有林利官（Loum Riqua）、丹亚彩（Tan Assoy）、蔡阿福（Choi-A-fuk）、谢清高、"香山林亚九（Lum Akao）"等。其中，丹亚彩和"香山林亚九"分别是荷兰东印度公司和法国东印度公司职员的仆人，丹亚彩更被借与海牙一名律师，为他的中国文物藏品书写品名标签，加以拼音和翻译，所做之事与黄东颇为类似。⑧就在黄东和陈㑇官身处英国的当儿，另一个身处欧洲的人是 John Hu（一般译为胡若望），史景迁（Jonathan Spence）所著《胡若望的疑问》（*The Question of Hu*）说他在 1772 年被一个耶稣会神父从广州带到巴黎，原来答应为该神父整理中国图书，后来因为行为举止让当地人难以理解，被认为发了疯而遭监禁在疯人院里达两年半之久。⑨史景迁还提到其他几个跟随天主教士到过欧洲的人。⑩近年，王宏志和沈艾娣致力于研究曾在 1773 年去欧洲学习后任马戛尔尼使团翻译的李自标的经历。⑪上述好几个人物都与教会有关，事迹因而在相关档案有所披露。陈㑇官的故事，由于与艺术有关，得到艺术史家（如祈大卫）的细心考证而发扬光大。祈大卫亲自审视了一件又一件由陈㑇官手制的现存于世界各国不同的博物馆的陶像，写就了一篇鸿文。⑫陈㑇官加上其他几位在18—19世纪初去过欧洲的中国人，包括林利官和容三德（Yong Sam Tak）等，近年也成为欧洲史的研究对象。[⑬]

近年来，我跟沈艾娣就"小人物"这个课题有较多讨论，她在披览欧洲史料时，每碰到这类来自中国尤其是广州的"小人物"的故事，便会慷慨与我分享。就在此书完成之际，她又介绍我看一本书，书中述及一个跟黄东差不多时候即18世纪后期到达英国，名叫"澳门的威廉"（"William Macao"）的中国人的故事。"Macao"当然不是他的本姓，只表示他来自澳门，此人虽然也是从仆人做起，但后来的经历与黄东大不相同，在此值得多添几笔。至迟在1775年，20岁上下的"澳门的威廉"坐上英国东印度公司的船到达英国，在苏格兰北部某家庭当仆人，其后在雇主推荐下，在货品税务机关（Board of Excise）工作，1781年在该机关任职男仆助理（Assistant for Male Servants），屡获升迁，1790年更升任总会计师，可见他已具备相当优秀的英语能力和专业知识。随后他受洗入教，成为教堂长老（church elder），40 岁时与当地人结婚，育有二女一子。到了 1818 年，他和一些在英的"外国人"希望根据 17 世纪的法案，通过购买价值1 000 苏格兰镑的苏格兰银行股票以取得英国公民身份，政府认为此属法律漏洞，欲加以堵塞，他代表有关的股票持有人与政府对簿公堂，曾一度胜诉并取得苏格兰公民（Scottish citizenship）身份，但双方一再上诉，20 个月后这个公民资格便被更上一级的法庭驳回取消。"澳门的威廉"虽然"国籍"有亏，但还算熬出头来。他当仆人出身，在外国社会跃升成另一种仆人——公仆（civil servant）——在货品税务机关工作了 45 年，1826 年退休时取得相当于一年薪水（327 英镑）的一次性长期服务金。最后在 1831 年魂归苏格兰，与 1802 年便离世的妻子同葬于爱丁堡一个教堂的坟场。⑭

　　黄东、"澳门的威廉"和类似的人物对历史学徒的吸引力是毋庸置疑的。自 20 世纪 70 年代以来，史家都提倡要由下而上研究历史。黄东的这个"事仔"身份，也够"下"的了，让我们可以"上下而求索"。韩书瑞、罗友枝在《十八世纪中国社会》里，也特辟几段提到仆人在中国社会的角色不应被史家忽略。她们说："在精英人家里家佣的角色少有被中国社会史家分析。仆人为其主子担负各种关系密切的职能（服侍、洗澡、喂食、更衣、购备物资，等等）。此外，仆人与家庭成员的界线——正如'家人'这个词所表达的——有时也模糊不清。"又说："由于仆人最好从较远处聘来，又通常来自较贫困的家庭和（甚至非汉人）区域，家庭里[主子]与仆人的人际互动经常有助促进不同区域与阶级的文化和传统的融合——饮食、语言、习俗等方面。"⑮本书从黄东的故事出发，在第二章和第三章集中讨论仆人、厨子和引水人，为的是一直向"下"追寻，从有名到无名，从个人到群体，将黄东这个看来"特殊"的故事，放在一个更广阔的脉络中去理解，变相回应所谓"特殊性"和"普遍性"或"是否有代表性"的问题——这些，根本就不是"问题"。随着资料的发现和公开，网络空间可资史家利用的数据越来越多，这类"小人物"的历史，相信也一定会越来越精彩。我在 2003 年写下《"Whang Tong"的故事》一文，副标题是"在域外捡拾普通人的历史"，如今，我们"捡拾"碎片的方式，有部分可以是通过"检索"数据库得来的了。

黄东有出现在中国的历史记载中吗？有，我们现在可以检索到，前提是要知道用什么关键词。近年我知道他名叫"黄遏东"，又称"黄亚东"和"黄东"，那就好办了。借助基本古籍检索，我找到了一条——出自张荫桓的《三洲日记》。张荫桓在光绪十二至十五年（1886—1889）出使美国、西班牙和秘鲁三地，归国前在英国逗留两周。光绪十五年九月二十日（1889 年 10 月 14 日），他随"英使新袭伯爵"参观当年已局部开放的诺尔宫室。

对此似乎印象十分深刻，晚上回到住处即细心记下这次经历。他说："英使新袭伯爵，系母氏所遗，园地广五千亩，石屋广二十亩，自建造至今六百六十九年……穷半日之力不能遍览……返寓约记，其居石院八、楼屋一百五十、楼窗三百六十六、楼梯七十五，英都极古极阔之居，每礼拜五日准游人往观，如博物院之例。"谈到宫室内外的细节，他的记录是：

[九月]二十日，癸亥，晴。早饭后，一点钟四十分，乘火车访英使乡居，译言"七橡树"。英使备车来迓，从园道绕至石室，周遭约十里，园中豢鹿八百头，山鸡、孔雀之属，游行自在，极苑囿之大观。石屋外式如炮垒，中为重门，头门立铜石诸像，二门则其住宅，门洞内有石院子，略如日国王宫之式，楼上四围可通，满壁油画及极古几榻，有英君主临幸之室，陈设皆银器，桌亦雕银为之，卧

榻帐幔，刻金线织成，费英金二千磅。有雕镂木橱
一架，珊瑚作柱，可云奢矣。楼上最古之物，则未
制钟表以前测日之器，又吾华五采磁枰一，口径五
尺，亦非近代物也。其他磁器多可观。

看完庄园、银器、家具和中国瓷器后，张荫桓把目
光转移到油画。他说：

所悬油画，皆西俗有名望人，中有少年华人一
轴，戴无顶帱帽，短衣马袿，赤脚曳番鞋，款署黄
亚东，不知何许人，彼族如是隆重耳。⑯

不知张荫桓有没有追问下去，即使有，接待他的
那位生于 19 世纪的"英使新袭伯爵"也不一定知道外公
当年的逸事。翌日，张荫桓往访"蜡偶院"，注意到"伍
怡和蜡像犹存"，还特意指给同行者一看。⑰他当然知道

"伍怡和"就是行商浩官伍秉鉴，但恐怕没想过伍秉鉴（1769—1843）和黄东在时间上有交集，极有可能彼此相识吧。

　　张荫桓"不知何许人"这句话，正是"黄东"这个名字在过去中国近代史书写中最有可能出现的注解。黄东的故事，尽管很可能曾在18世纪末至19世纪初的广州、澳门一带口耳相传过，丰富了许多本地少年人对远邦异域和自身前途的想象；他和许许多多的小人物，从古至今千千万万，用自己的方法缔造世界，但在中国历史的长卷中却没留下多少痕迹。就好像今天诺尔庄园的鹿一样，所剩无几，即便偶然闪身，也不过是"不知何许人"（nobody）而已。（图27）张荫桓有没有想过，他19世纪末之所以会和能出使三洲，正是因为在前头的历史中有许多这样的"不知何许人"，为他搭桥铺路呢？

图 27　诺尔宫室，位于英国肯特郡，张荫桓在这里遇见黄东的画像。照片摄于 2018 年 10 月 4 日。当日我赶上最后一节展览时间，匆匆走进宫室，一睹黄东画像，黄昏离开时，穿过偌大的庄园走回城里，在园中斜径遇到一位老人家（并非图中这位），他热切地指着不远处告诉我有鹿，我凝视良久，果然看见一只。